超改訂版

難しいことはわかりませんが、

お金の増やし方を教えてください!

山崎 元 大橋弘祐
Hajime Yamazaki Kosuke Ohashi

文響社

はじめに

大橋弘祐

最近、お金のことばかり考えてしまいます。

去年、僕は大手の通信会社から、どうしても、本に関わる仕事がしたくて、37歳にして小さな出版社に転職をしました。いまは編集者として働きながら、本を書くという仕事をしています。

前の会社は残業代が出て、有給もある安定の代名詞のような大企業でしたが、転職した出版業界は違いました。

全国で廃業する書店が増え、年々、市場全体の売上が減少しています。こんなこと言ったら怒られるかもしれませんが、僕が働く出版社も、以前ほどヒット作が出なくなり、給料は上がりません。もちろん、今後、給料が上がる感じもしません。当然、退職金なんてものもありません。

現在の貯金額は、前の会社をやめたときにもらった退職金などを含めて、

500万円程度です。

さらに少子高齢化のせいか、税金や社会保険料も上がっています。そのため、給料は上がらないのに、手取りが減ってしまいました。

その一方で物価は上がって、いろいろなモノが高くなりました。いつも食べている800円だったサバの塩焼き定食が、いつの間にか1050円になっています。

これからも少子高齢化が進みますから、税金がますます上がっていくかもしれません。

もちろん、いますぐ何か困るということではありません。

しかし、これから家族をつくり、子供に教育を受けさせ、住宅や車を買い、長い老後を過ごしていくことを考えると不安になります。仮に定年まで働いたとしても、退職したあとに、年金がもらえるかもわかりません。

もし、会社をクビになったら……。もし病気になって働けなくなったら……。

いままで深く考えないようにしていましたが、これからの生活をリアルに想像すると不安になります。

多少、嫌なことがあっても、我慢して会社に通い続ければ、いまの生活水準をキープして、幸せに過ごせると思っていましたが、どうやら、そうではなさそうです。

そんなときです。とあるテレビの情報番組で「NISA《ニーサ》」という制度が拡充されるというニュースを聞きました。

政府は増税する一方で、投資の利益については税金を免除するらしいのです。それに合わせるようにして、ネットメディアで投資を勧める記事をよく見かけるようになりました。将来の不安に対しては、自分で投資をして備える時代が来たと解説してます。

でも、投資って怖いじゃないですか……。もし失敗したら、大切な貯金500万円が一気に無くなってしまうかもしれません。上司に叱られながら、深夜まで残業をして貯めたお金が、そんなことになってしまったら、メンタルをやられて、一か月くらい寝込んでしまう自信があります。

親にも投資話には近づくなと教わりました。少し前に、その教えを破り、会社の同僚に誘われて株式投資をしたことがありましたが、100万円くらい損をしてしまいました。何か買ったわけでもないのに100万円を失ってしまうのは、とてもつらい経験でした。もう二度と味わいたくありません。

それに、「NISA」「iDeCo」「投資信託」こういった金融系の聞きなれない言葉は、難しそうなイメージがありますし、何かからくりがあって騙されてしまう気がします。


じゃあ、銀行に預ければいいのでしょうか？　しかしメガバンクの金利は0.002%程度です。5000万円を預けても、1年で100円程度です。ATMで引き出すだけで100円も200円もかかるのにです……。


もうどうしていいかわかりません。

この国は金持ちの投資家を優遇し、僕のような労働者はお金の心配をしながら働き続けるしかないのでしょうか。

これから僕はいったいどうなってしまうんでしょう……。
日本の偉い人たちなんとかしてくれー!!
——新橋の居酒屋で、そんな愚痴を声高に叫んでいたら、ある人が言いました。

それ、本にすりゃいいじゃん

へ?

お前みたいな素人は貯金をどうすればいいのか、ファンドマネージャーとか経済学者とか詳しい人に聞いてきてさ、何かできることがないか調べればいいじゃん

そうか、その手があったか!

というわけで、本の企画と称してお金のプロに貯金の秘訣を聞いてくることにしました。僕が金融に関しては素人なので、とにかく詳しい人を探しました。

そしたら見つかりました。

経済評論家の山崎元（はじめ）さん。

山崎先生はものすごい経歴の持ち主です。

東京大学経済学部を卒業後、就職した三菱商事を経て、投資会社、保険会社、銀行、外資系証券など、金融関係の仕事で合計13社で働いたそうです。

多くの会社で運用部門でお金を増やす仕事をされてきたので、お金の増やし方に関してはプロ中のプロですし、金融業界の裏の裏まで熟知しています。

その後は、経済評論家として大学の先生やテレビ、雑誌でも活躍され、いまはＹｏｕＴｕｂｅなどのＷＥＢメディアで、金融業界の嘘を暴きながら、僕のような金融の素人がどのようにお金を運用すればいいのか発信しています。

（金融業界のことを容赦なく批判するので、敵も多いようです……）

そんな金融の全てを知り、少しクセが強いお金の先生に、僕のような一般人は「どうすれば、お金の心配をせずに生きていけるのか」を聞いて書いたのがこの本です。

結論を言うと、山崎先生に教わった「お金の増やし方」は、誰でもできて、とにかくシンプルでした。

そして、なぜその「お金の増やし方」がいいか、その理由を学ぶと、保険や家の購入で無駄にお金を使うことはなくなりますし、何かと決断することが多い、人生のあらゆる場面で役に立ちます。

証券会社に口座を開くなど、多少の面倒なことはありますが、毎日努力しなければいけないということはありません。「どうして学校で教えてくれないの！」と思うことばかりでした。

僕はそれらの知識は絶対知っておいたほうがいいと思いました。

だって、悔しいじゃないですか。知識がないせいで、せっかく働いて貯めたお金を損してしまったり、いつまでもお金のことで悩み続けるのは。

ぜひ、少しでも多くの方に本書をお読みいただき、豊かな生活を送っていただくことを心より願っています。

本書は2015年に弊社から刊行した「難しいことはわかりませんが、お金の増やし方を教えてください！」を、現在の情報にあわせて大幅に加筆、修正したものです。

2015年に「ヤマザキ流 お金の増やし方」を始めたド素人は、いくらお金を増やしたのか？　こちらについても記載しておりますので、お楽しみください。

いきなり結論です！

お金を増やしたかったら、これをやればOK！

いつ	「いま」もしくは「給料やボーナスが出たとき」
どこで	「SBI証券」か「楽天証券」などのネット証券で
誰が	あなたが！
何を	「eMAXIS Slim全世界株式（オール・カントリー）」など、世界全体に分散された株式のインデックスファンドを ※どうしても減らしたくないお金があれば「個人向け国債 変動型10年満期」を
どのように	「NISA」や「iDeCo」を使えるだけ使って
どのくらい	生活費を除いたお金の中から、なるべく多く
どうする	ひたすら待つ！

CONTENTS

Chapter 2

ド素人でもできるお金の増やし方編 059

Chapter 3

持ち家や保険はアリ!? お金の使い方編

Chapter4

NISAで実際にお金を増やしてみる編

Chapter5

年金制度とiDeCo編

CHAPTER 1

お金を安全に持っておく編

定期預金よりはマシな方法を教えてください！

僕は不安に襲われていました。

それは、知人の編集者に紹介してもらった、経済評論家の山崎元先生の経歴がすごかったからです。

東京大学経済学部を卒業後、三菱商事に入社し、野村投信、住友信託銀行、メリルリンチ証券、など12の金融関係をわたり歩き、それぞれでお金を運用する仕事をして、経済評論家となったあとは、大学の講師やテレビや雑誌で活躍し、いまはＹｏｕＴｕｂｅの有名な経済系のチャンネルで、切れ味の鋭い発言を繰り返しています。

そんな頭のいい人が話す内容が、僕みたいな無知な人間に理解できるだろうか――。

「結論は？」「論点は？」「それで何聞きたいの？」みたいなことを言われて、僕は「すいません」「わかりません」を連発して、「だめだこいつ」と、あからさまにため息をつかれることはないだろうか……。
あるいは、こちらの知識がないのをいいことに、何か金融商品を売りつけられたりしないだろうか……。

心配になった僕は、山崎先生を紹介してくれた友人に電話をしました。

山崎先生ってどんな人ですか？

うーん。お金のことなんでも知ってて、説明もわかりやすいんだけど、頭がいい分、こっちがへこむというか、つらくなってくるというか……。

毒舌ってことですか？

そうだね、ちょっとクセが強い、というかかなりクセが強いかも……。

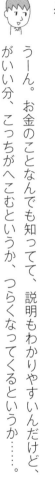

僕の不安メーターは振り切れました。

「だからお前みたいなやつは出世しないんだ」とか「この凡人が」とか、そんなことまで言われそうな気さえしてきます。

とにかく、自分には投資の知識もないし、経済のニュースを聞いても、よくわからないのだから、安全なものを教えてもらおう。

何か売りつけられそうになったら、すぐ逃げられるように、バッグを持って準備をしておこう。

そんな気持ちで山崎先生のオフィスを訪ねたのでした……。

緊張しながら扉をあけると、そこにいたのはスーツを着た、いかにも金融業界で働いていそうな頭のよさそうな男性でした――。

ああ、君が大橋くんかな。

あ、はい……。

で、今日はどうしたの？

ちょっと、お金のことで相談がありまして……。

まあ、私に話がある人はだいたいそうだよね。で、君はどうしたいの？

あ、えーと……。僕、最近転職して、いまってなかなか給料が上がらないし、しかも税金が上がって、手取りも少なくなってきまして……。それに、いつまで自分の会社があるかわからなくて……。一応、いま貯金が500万くらいあるのですが、投資とかしてなくなってしまうのも怖いじゃないですか……。

……。

……あ、すみません。要するに、何が言いたいかというと、将来が不安だからお金を増やしたいんですけど、どうしたらいいか教えてください！

それなら、全世界株式のインデックスファンドを買って株式投資することだね。今なら、「eMAXIS Slim全世界株式（オール・カントリー）」という商品がいいね。それがベストだと思うよ。

山崎先生おすすめのお金の増やし方

「eMAXIS Slim 全世界株式（オール・カントリー）」など、世界中に分散された株式のインデックスファンドを買う

※詳しくは2章以降で説明します

え、それだけですか……。

うん、それだけ。

どうして、それがいいと言い切れるんでしょう。

世界中の会社に分散して投資できて、コストが低い。利回りで5%くらい期待で

きる。もしそうなれば君の退職金の５００万円は、14年から15年くらいで2倍の１０００万円になる計算だね。もちろん、もっと良かったり悪かったりするから確実なことは言えないけどね。

14年で2倍っていいました⁉　でも、それって減る可能性もあるんですよね……。

もちろんあるよ。株式に投資する訳だからね。

（やっぱりそうだ。この人、いいことばっかり言って、あやしい金融商品を売ろうとしてるんだ……）すみません。絶対に減らないやつでお願いできますか。

どうして？

僕にとっては大切な退職金なんですよ……。このお金は13年間がんばって働いて稼いだお金なんです。株式投資とかではなく、絶対に減らなくて、銀行の預金よりも少しトクするものを教えて下さい。

そういうのもあるけど、本当にちょっとしか増えないし、つまらないよ。

面白さは求めてないんです……。

じゃあ、株式投資でなく、**「個人向け国債」**だね。

個人向け国債とは

国が発行する債券「日本国債」のうち、政府が個人でも買いやすいようにしたもの

でも、それだって減るかもしれないんですよね？

ううん。これは減らない。「変動金利型10年満期」というタイプを買うといいんだけど、元本を割ることはないね。

えっ、減らないんですか？

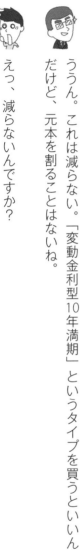

うん。国が保証してくれてるから減らないね。しかも今だったら0・5%くらいの利回りかな。メガバンクの定期預金がだいたい0・002%くらいだから君が預けている銀行の定期預金よりは、ちょっといいんじゃない。

※みずほ銀行のスーパー定期300、満期10年の場合（2023年10月現在）

でも、それって安全なんですか……。

銀行に預けてるより安全だね。だって**銀行と国のどっちが先に潰れるかといったら、国よりも銀行**だよ。一人一行1000万円までと預金の保護の対象が決まってるから、もし、銀行に1000万円以上を預けていて、その銀行がつぶれたら、1000万円以上はどうなるかわからない。

お金の保管場所の安全性

国 ＞ 銀行

ということは、銀行より安全でおトクってことですか……。

うん。

それなら、そっちのほうが絶対いいじゃないですか。

そうだね。

どうして、みんなやらないんですか？　明らかにいいものがあるのに、やらないのはおかしくないですか？

一つには、知らないからだね。携帯電話の料金プランを見直せば携帯代も得するよね。それと同じことで、**世の中には知ってるだけで得することがたくさんあるの**。だから金融の正しい知識が大切なの。

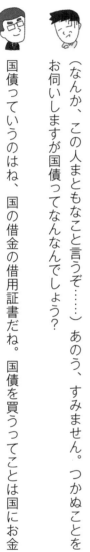

（なんか、この人まともなこと言うぞ……）あのう、すみません。つかぬことをお伺いしますが国債ってなんなんでしょう？

国債っていうのはね、国の借金の借用証書だね。国債を買うってことは国にお金を貸してるのと一緒。

お金を国に貸すんですか？

そういうこと。国が「お金を貸してください。少し利息を付けて返しますんで」って言ってるから、君が貸してあげるの（図1）。

国が返してくれないってことはないんですか？

もちろん、その可能性はゼロではない。たとえば、戦争で他の国に占領されたときとかね。あるいは国が借金で首が回らなくなったときに、「すいません。返せません」と言ってくるかもしれない。ギリシャは2009年にそれに近いことが起きそうになった。

じゃあ、危ないじゃないですか？　ロシアが攻めてきて占領されたらどうするんですか⁉

図1　国債のイメージ

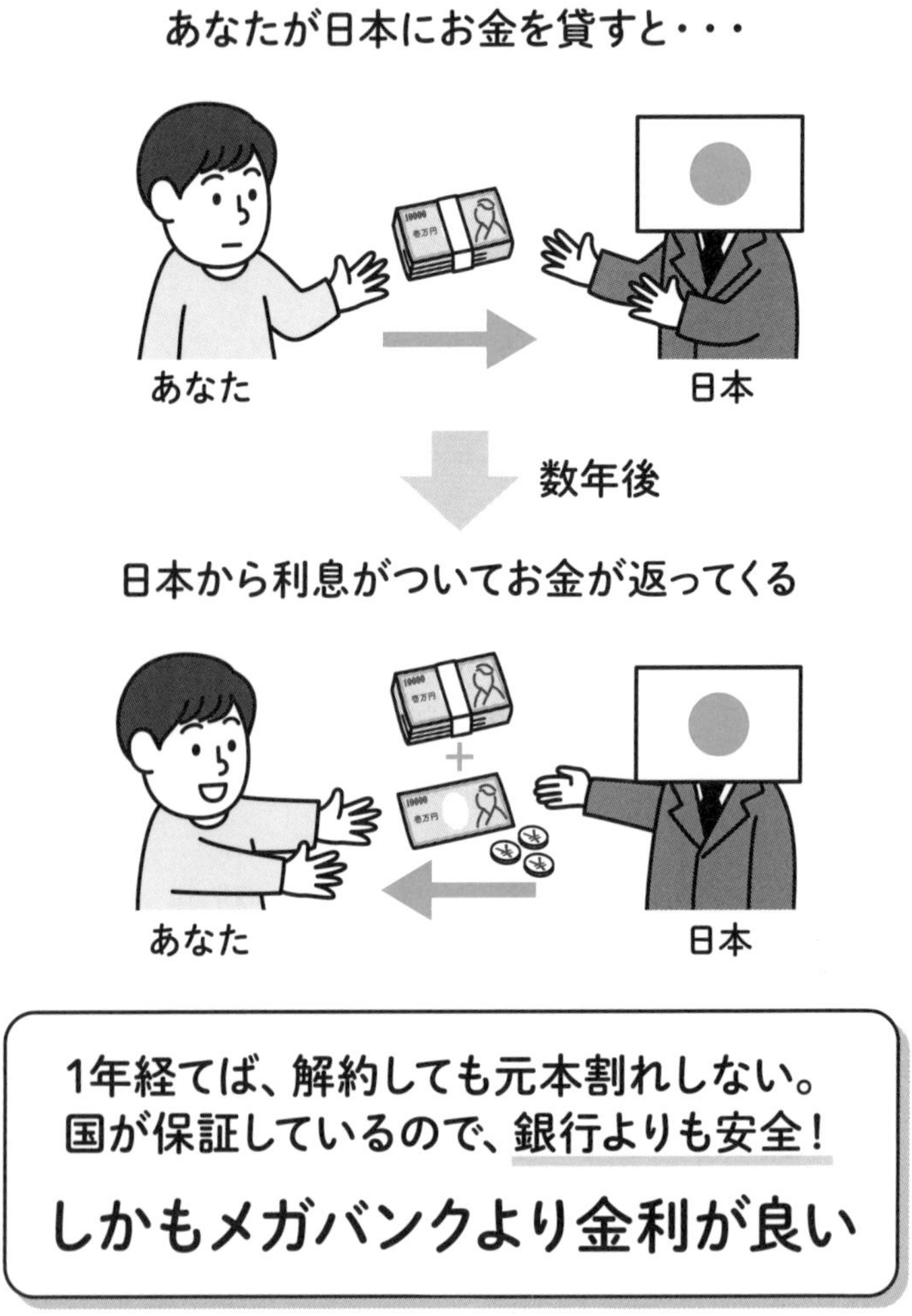
あなたが日本にお金を貸すと・・・
あなた
日本
数年後
日本から利息がついてお金が返ってくる
あなた
日本
1年経てば、解約しても元本割れしない。
国が保証しているので、銀行よりも安全！
しかもメガバンクより金利が良い

そんなこと、まず起きないし、仮にそんな大変なことになったときは、私も君もこんな悠長にしてられないよ。なったときはなったときだよ。ははは。

（軽いな、この人……）。

要するに国債っていうのは国が財政破綻するとか、戦争に負けて占領されるとか、まず起きないことのリスクを負う代わりに、ちょっとだけ利息をあげるよってことなの。だから、まずそんなことは起きないだろうと考えて、みんな日本の国債を買っている。逆に政情不安な国の国債は安全ではない。

……あのう、先生。そもそものことを質問していいですか。

なに？

僕、お金について素人じゃないですか。正直、これからも、そんなに金融のことを、勉強しないと思うんですよ。それでも、お金の運用を始めちゃって大丈夫なんでしょうか？

大丈夫。大丈夫。君みたいなド素人でも、ベストな方法と、なぜそれがいいのか理解して、それを実行するだけでいい。そうすれば、投資のプロと同じようにお金が増やせるよ。むしろ、変に知識をつけてしまうと、自己流でいろいろやってしまって失敗しやすい。だから、**余計な知識がない君のような無知なド素人のほうがいい**んだよ。

………。

まとめ

- 日本国債を買うと国にお金を貸したことになる。
- 個人向け国債は元本保証だから、元本が減ることはない。
- メガバンクより少し金利が良い。
- お金の預け先としては銀行よりも、国のほうが安全。

日本経済ってやばいの？

でも、先生。日本国債って日本の借金なんですよね。そんなの買って大丈夫なんでしょうか？

どうして、そんなふうに思うの？

だってほら、よく見かけるじゃないですか。日本は借金が１０００兆円以上あって、先進国では世界最悪の財政状態だってニュースで言っていますよ。本当に大丈夫なんですか⁉

大丈夫だね。たとえば一時破綻しそうになったギリシャのような国とは状況が違う。

どう違うんですか？

日本国債の買い手ってほとんどが日本国民だから、もし日本が国債の借金を返せなくなったら、お金をたくさん刷って、国民に返せばいい（図2）。でも、ギリシャの場合は他の国からお金借りてたし、使っているお金がユーロだから、お札刷って返すってことができなかったんで、ピンチになった。

そんなことして、大丈夫なんですか?

まあ、やりすぎたらかなりのインフレになるだろうね。でも、そもそも日本ってそんなに悲観するほど危険じゃない。借金ばかり取りあげられるけど、海外には日本が持っている資産がたくさんある。リーマンショックで世界の金融市場が混乱したとき、世界の投資家たちが安全資産として買ったのが「円」だった。**日本は他の国と比べて相対的に安定しているの。**
もちろん日本国債が絶対に安全だとは言えないけど「日本経済が破綻するのはかなり先」だと考えといていい。財政赤字に大騒ぎするのは、増税できたらそれが手柄になる財務官僚が政治家やマスコミを焚きつけているからだね。

そうなんですか……。

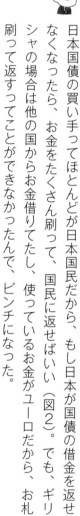

図2　国の借金は1000兆円！でも……

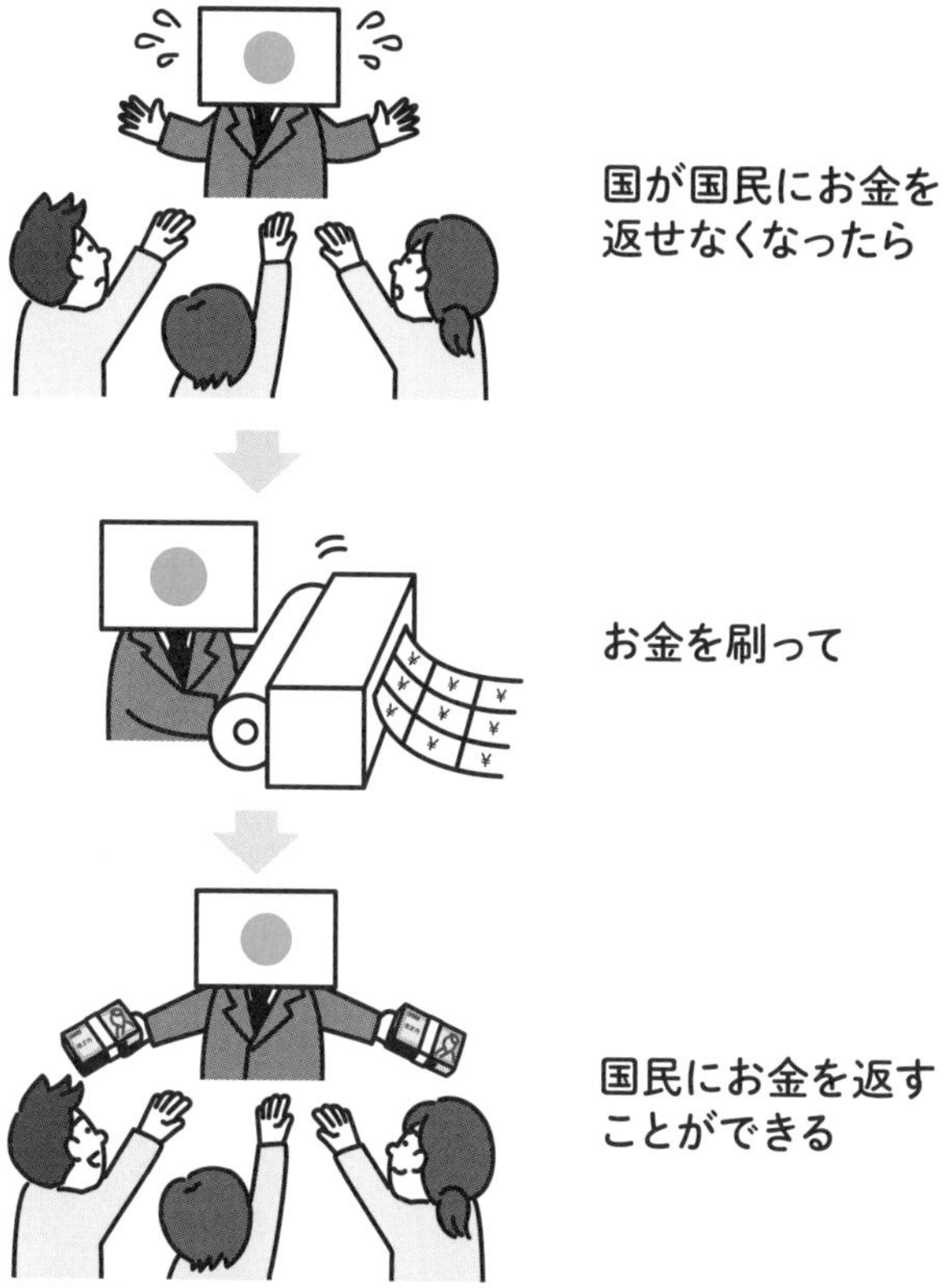
国が国民にお金を
返せなくなったら
お金を刷って
国民にお金を返す
ことができる

日本経済が破綻するのは、
当分先と考えていい！

『金融破綻』などの言葉に踊らされてはいけない

みんな「国がなくなる」っていうニュースが好きなの。だから中国と戦争になるとか、日本経済が破綻するとか、危機を煽る人たちがいて、「日本崩壊」「金融破綻」なんて言葉がテレビやネットニュースなんかに出る。そうすると、今度は金融業界の人たちが、日本円を持っているのは危険だからと、手数料が高い金融商品を勧めてくる。それで、君みたいに心配症なド素人は、言われるがままに買ってしまって損をする。でも、そんなの壺と一緒だから。

壺、ですか……。

そう、壺。「あなたには悪い霊が憑いていています。だからこの壺を買ったほうがいいです」って売りつけてくるあれと一緒。心配させといて高いもの売りつけるのは商売の常套手段だから気をつけて。

は、はい……。

まとめ

- 日本は多額の借金をしているが、国の財政が破綻する可能性は極めて低い。
- 「財政破綻」などのニュースに動揺して、怪しい金融商品に手を出さないようにする。

え？ お金を増やしたかったら銀行には近づいちゃいけない!?

では先生、個人向け国債ってどうやって買えばいいか教えてください。

まずは、ネットの証券会社に口座を開く。

銀行じゃなくていいんですか。

うん。ネット証券で十分だし、その方がいいね。

ネット証券とは

インターネットを通じて、株式の売り買いができる証券会社のこと。SBI証券、楽天証券、松井証券など。

ちょっと待ってください、先生！　このお金は深夜まで残業して、上司に叱られながら10年以上も働いた結晶ですよ。それを銀行じゃなくて、ネット証券でいいってどういうことですか⁉

まず、ひとつ言っておくとね。**お金を正しく運用したかったら、銀行には近づかないほうがいい。**

えっ⁉　お金を運用するのに、銀行に近づいちゃいけないんですか……。

そう。銀行の個人向けビジネスは、金持ちには投資させて無駄に高い手数料をむしり取る。貧乏人には借金させて金利で稼ぎを吸い上げる。これが彼らのビジネスモデルなんだ。ＡＴＭの手数料なんかではたいして儲かってないの。だから、サラリーマンには家を買わせてローンを組ませるし。定年になって退職金が出たら手数料の高い投資信託を勧める（図3）。

図3　銀行の2大ビジネスモデル

1 家を買う人などにローンを組ませて金利を儲ける

ローンを組む若者　　金利をもらう銀行

2 会社を退職した人に投資信託などを売る

投資信託を買う老人　　高い手数料をもらう銀行

お金を運用しようと思ったら
銀行には近づかない！

はあ……。

特に心配なのが、退職金が出た高齢者が、銀行員に言われるがまま投資信託を始めてしまうケースだね。あれは本当にいただけない。銀行の窓口では運用商品を買ってはいけないと覚えておいたほうがいい。君の親御さんは大丈夫か確認することをお勧めするね。

銀行では金融商品を買ってはいけないんですか……。

そう。さっき教えた個人向け国債は銀行でも買うことができるけど、銀行は儲けが少ないから、全力で別のものを買わせようとしてくる。例えば手数料の高い投資信託とか、もっとひどいボッタクリ的な保険だね。せっかく投資に興味があるお客が金を持ってやって来たんだから、自分たちが儲かる物を売りたいよね。そのときに、さっき話した「**日本は巨額の借金をしているのに、日本国債でいいんですか**」という脅し文句を使って、不安を煽ろうとする。要するに客が得するものじゃなくて、自分たちが得するものを売ろうとするのよ。

でも、よく銀行に資産運用の無料相談窓口があるじゃないですか。あそこで相談するくらいだったらいいんじゃないですか。

それは絶対に行かないほうがいい。

どうしてですか。この前、銀行行ったときも、ものすごく仕事がデキそうな、スーツを着た男の人が無料相談窓口に座ってましたよ。無料だったらいいじゃないですか。

その窓口の人の給料はどこから出てるかわかる？

そりゃあ、銀行からじゃないですか。

いや、そうじゃなくて、私が聞きたいのは、その給料はもともと誰のお金かを聞いてるの。

………。

なんでこんなこと聞くかっていうと、銀行員の給料って高いでしょう。メガバンクなら年収が1000万を超えてる人もザラにいる。年収1000万円ということは、日給およそ4万円だからね。そのお金はどこから引っ張ってくるかというと、君みたいな無知な素人だよ。

……。

しかも、自分のお金を預けている銀行なんて行ったら、クレジットカードの利用状況も、定期預金の満期なんかも把握してる。だから、「いまはお金がないんで……」なんて言い訳も通用しない。**最近の銀行員は証券マン並みに強引に営業していて、やさしく相談するふりをしながら何か売りつけられないか考えてる。**銀行の無料相談窓口にいる人なんて羊の皮をかぶった狼だと思ったほうがいい。

羊の皮をかぶった狼……。

そう。銀行員は人件費が高い。店舗も持っているから高い家賃も払っている。でも、ネット証券なら、店舗も持ってないし、社員も少ないから手数料が安いし、

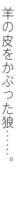

図４　金融商品もネットで買う

どこで買っても一緒なので
同じ金融商品であれば
手数料が安いネット証券を選ぶ

何かを売りつけてくることもない。だから銀行に近づかず、ネットにするの。家電だって店よりもネットで買うほうが安いでしょう（図4）。

たしかに……。

ちなみに言っておくと、私は最近まで、楽天証券で働いていたから「自分のためにネット証券を勧めてるんだろう」と言う人がいるかもしれないけど、別に君が楽天証券で取引しなくてもかまわない。合理的に考えて銀行でなくネット証券がいいから勧めているだけ。これちゃんと書いといてよ。

あ、はい……。

それと、もうひとつ。これを読んでいる読者に、ぜひお願いしたいのは、自分の親とかネットの扱いに不慣れな世代が、お金の運用を始めようとしていたら、ぜひ手伝ってあげてほしい。ネットが使えないからって、銀行の窓口で手数料が高い商品を買わされたらもったいないからね。

まとめ

- お金を運用しようと思ったら銀行には近づかず、ネット証券を活用する。
- 「銀行には個人向け国債以外に買うべき金融商品はない」と覚えておく。

SBI証券か楽天証券に口座をつくればOK

ネットの証券会社はどこがいいんでしょうか？

まずは商品ラインナップが多いこと。買いたい金融商品がないと困るでしょう。あとは手数料が安いことだね。

ネット証券の選びかた

- **商品ラインナップが多い。**
- **取引手数料が安い。**

ただ、デイトレーダーのように毎日何かしらの取引をしているような人は取引ツールの使い勝手とか、一回ごとの手数料とかを気にしたほうがいいけど、君が取引するのは年に数回のレベルだから、それらは気にしなくていい。**SBI証券や楽天証券あたりの大手であれば問題ない。**

ちなみに、ネット証券の最大手ってどこですか?

最大手はＳＢＩ証券だね。

じゃあ、そこにします。僕、大きい方が安心なんで。

……。まあ、いいんじゃない。大手だったら手数料は同じくらい安いし、君が買うべき商品を扱っている。あと、口座を開くのはタダだから、もし違うなと思えば、別のところで開けばいい。

※ＳＢＩ証券では三井住友グループのポイント、楽天証券では楽天ポイントが得する制度があります。

まとめ

- **ネット証券はＳＢＩ証券あたりに口座を開いておけばＯＫ**
（ちなみに先生は楽天証券にお勧めでした……）

安心・安全の個人向け国債

先生、ネット証券に口座を開いたら、どうやって買ったらいいんでしょう。

まず、君が買うのは国が新規に発行する個人向け国債で、個人向け国債には3種類ある。

個人向け国債の3種類

- **固定金利型3年満期**
- **固定金利型5年満期**
- **変動金利型10年満期**

どれを買えばいいんでしたっけ……。

買うのは、満期が10年の「変動金利型10年満期」っていうもの。

満期が10年っていうことは、10年はおろせないんですか？

おろせないのは最初の1年だけ。それ以降はペナルティを払えばおろせる。

ペナルティですか……。

ペナルティって言っても、過去1年分の金利だけ。1年目はおろせなくて、2年目からは、もらった金利1年分（過去2回分）を返せってことだから、ペナルティを払ったとしても、**実質的に元本割れすることはない**の（図5）。

図5　個人向け国債のペナルティ

個人向け国債は1年分（過去2回分）の金利を払えば換金できる

例）「個人向け国債 変動10年」を2年後に解約した場合

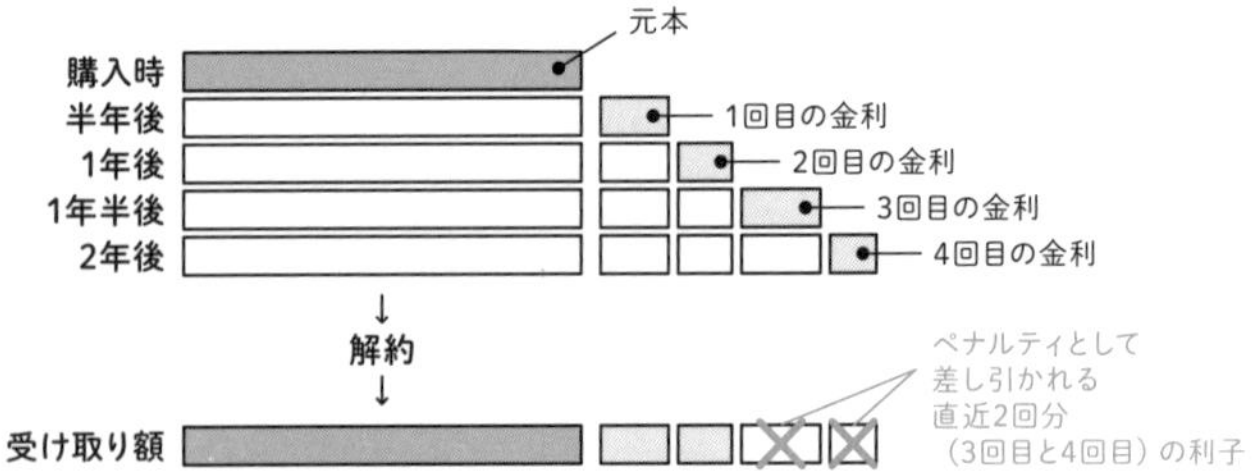

個人向け国債は解約しても元本には影響しない！

なるほど……。

それで、この「変動10年型」は長期金利の66％にあわせて変動する。長期金利というのは10年ものの国債の流通利回りのことね。

？？？　さっぱりわかりません。

まあ、長期金利は「銀行が金利を決めるときに参考にしているもの」と覚えておけばいいよ。たとえば将来、銀行の金利が5％に上がったとする。そのときに君が買った個人向け国債の金利が0・5％のままだったら、「銀行に預けておけばよかった」って思うでしょう。

※仮に100万円を5％で10年運用すると、約160万円ですが、0・5％で10年運用すると約105万円で、50万円以上の差がついてしまいます。

たしかにそれは損した気がしますね……。

変動型はそのときの長期金利に連動するから、銀行に預けてるのに比べて、もの

図6　個人向け国債はどれを選べばいい？

個人向け国債は3種類

固定金利型
3年満期

固定金利型
5年満期

変動金利型
10年満期

固定金利型とは

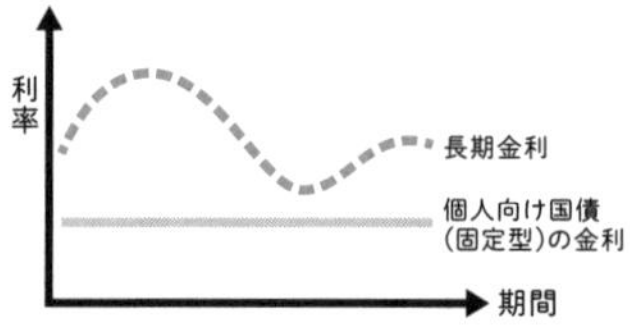

長期金利にかかわらず
金利が一定

変動金利型とは

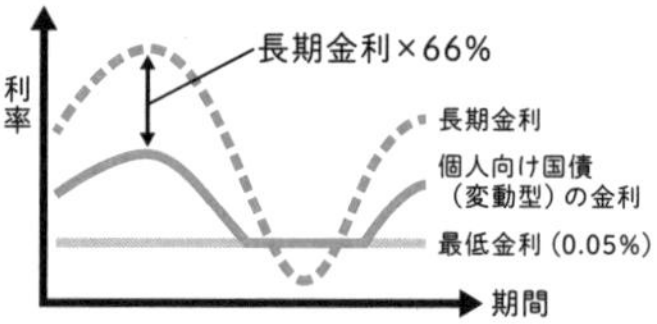

長期金利に合わせて、
国債の金利が変動する！
しかも、0.05％より下がらない

※長期金利……銀行が金利を決めるときに目安にする数字

将来、金利が変動したときにも
対応している変動10年型を選ぶ！
（銀行の金利が上昇しても、ものすごく損することがない）

すごく損することは少ないの（図6）。難しかったら「銀行の金利が上がっても、ものすごく損するようなことはない」って覚えておいて。

しかも、長期金利が下がっても「個人向け国債10年変動型満期」は0・05％より下がることがないようにできている。

※個人向け国債10年満期は、長期金利が上がって国債が暴落するようなことが起きても、元本は保証されて、利息もある程度支払われるので、国債暴落に強いというメリットがあります。（個人向けでない国債は暴落すれば、価格が下がります）

個人向け国債変動金利型10年満期は、全ての金利商品の中で常にベストとは言えないけど、お金を安全に運用したいだけなら極めて無難な金融商品といえる。とにかくお金を安全にしておきたいだけなら、これがいいね。実家の親とかにも教えるといいよ。私の母親も結構持っているよ。

先生、ありがとうございます。正しいことを知らないって、ものすごく損なことなんですね。

そうだね。この世の中は知らないと損することがたくさんある。その一つの例が個人向け国債だよ。

今日はいいことを聞きました。一応、家で調べて、それを買おうかと思います。

でも個人向け国債なんてたいして増えないから、そんなのやめて、インデックスファンドを買って、もっと大きなリターンを狙おうよ。君、将来に向けてお金増やしたいんだよね。

（何か危ない気配になって来たぞ。やっぱり何か売り付けようとしているんじゃないか……）あ、いや……。銀行預金より安全で利回りのいいものが分かったんで、僕は満足です……。

まあ、悪くない心がけだけど、それでお金の心配から解放されることはないんだから、別の方法を考えないと。

……す、すみません。大切なお金なんで、株式投資のようなギャンブルをして減らしたくないんですよ。

……。それなら仕方がないね。だけど最後に一つだけ、お金を増やす上で、とて

も大切なことを君に教えてあげようか。

なんですか、大切なことって。

それはね、**お金のことだけリスクを極端に避けるのはバカのやることだよ。**

（……。バカ……。初対面でバカ……）山崎さん！　いくらなんでも失礼じゃないですか。人にバカなんて。親にも言われてた事はありませんよ。もう帰ります。

まとめ

- **「個人向け国債」で買うべきなのは「変動金利型10年満期」**
- **最初の1年はおろせないが、それ以降は1年分（過去2回分）の金利を払えば換金できる。**
- **変動10年型は長期金利に連動するので、銀行の金利に比べて大きく損することがない。**

証券会社に口座を作ってみる

① 「マイナンバーカード」など本人確認書類を用意する

マイナンバーカード　または

マイナンバー通知カードと運転免許証

口座開設には「マイナンバーカード」または「マイナンバー通知カードと運転免許証」が必要になります

② SBI証券のホームページにアクセス

口座開設のボタンをクリック

③ メールアドレスを入力後、メールで送られてきた認証コードを入力する

④ 口座開設の申込をする

必要事項を記入し、「NISA」を選択する。NISAについてはP170を参照

※「納税方法の選択」で「SBI証券に任せる」を選択すると、証券会社が税金の納付を代行してくれて便利です

⑤ 本人確認書類などをアップロードする

発行されたユーザーネームとパスワードで口座開設状況画面にログインする

「ネットで口座開設」を選択し、「マイナンバーカード」または「マイナンバー通知カードと運転免許証」をスマホからアップする

※郵送で申し込むことも可能です。その場合は、「郵送で口座開設」を選択してください

⑥ 審査終了後、初期設定をおこなう

口座開設完了のメールを受け取ったら、記載されているURLから設定ページにアクセスし、必要事項を入力する

⑦ 口座に入金する

「入金」にアクセスし、ご自身の銀行口座から証券会社の口座にお金を振り込む

※銀行口座でオンライン振込を利用すると、手数料が安く、便利です

※画面は変更になる可能性があります。

① SBI証券のホームページから個人向け国債のページにアクセス

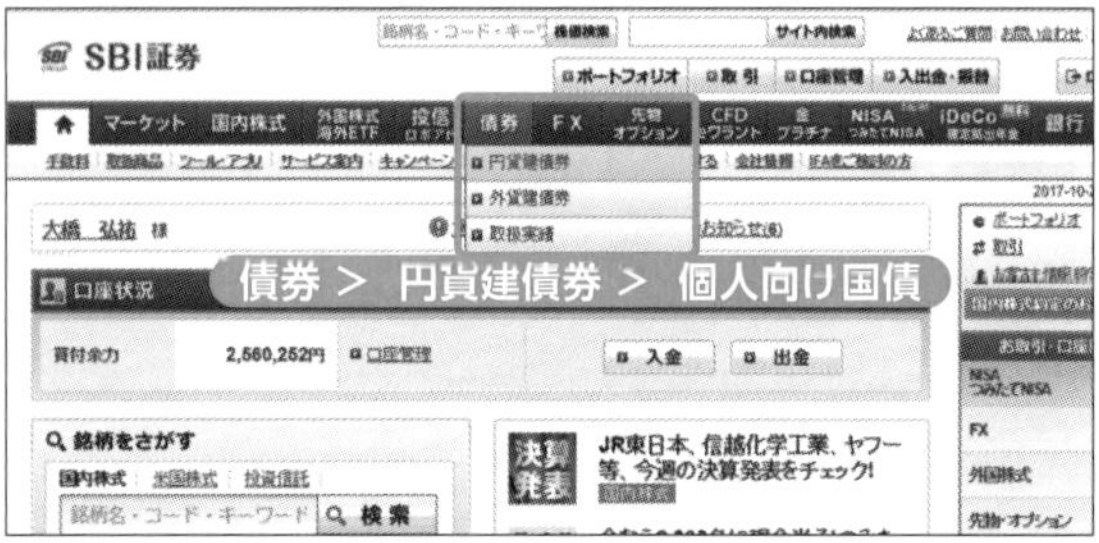

② SBI証券の個人向け国債の画面

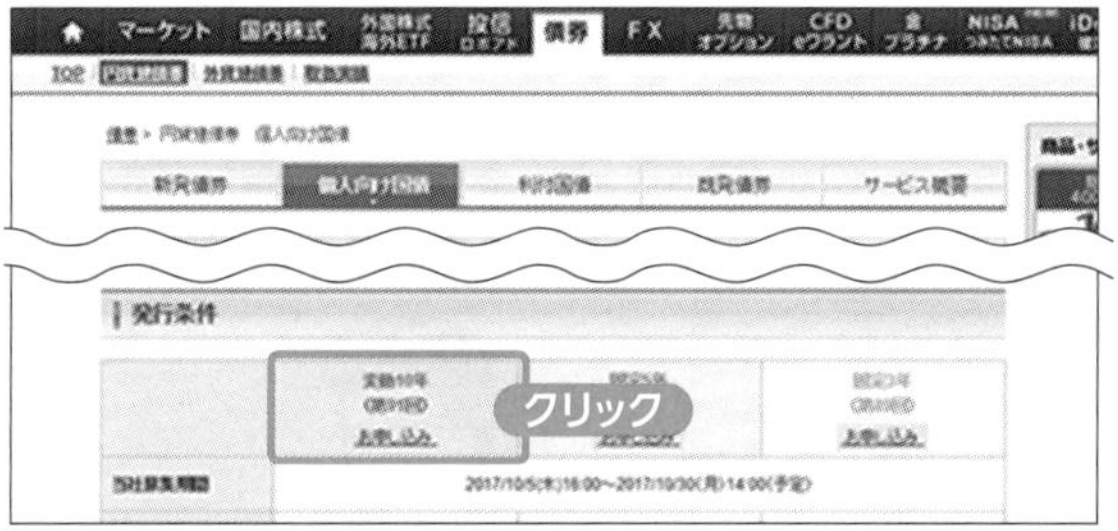

「変動10年」の「お申し込み」をクリック

③ 個人向け国債の説明画面

「お申し込みはこちら」をクリック

④ 購入画面

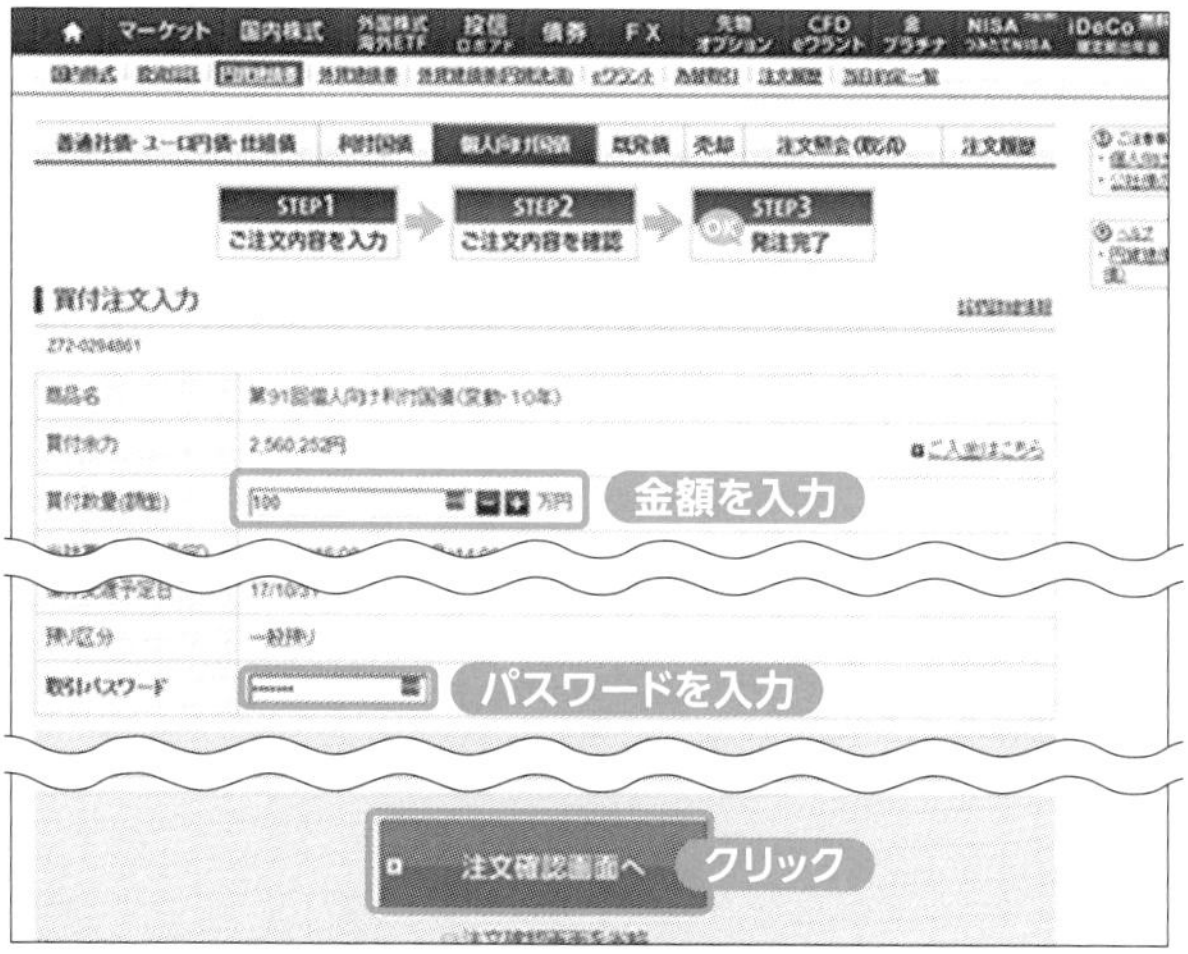

金額とパスワードを入力し「注文確認画面へ」をクリック

⑤ 発注画面

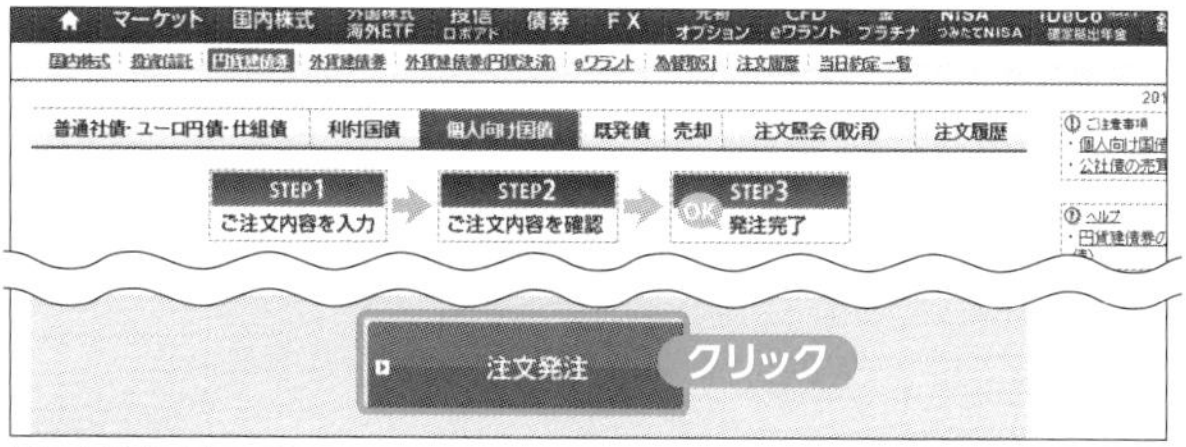

「注文発注」をクリック

⑥ 購入完了

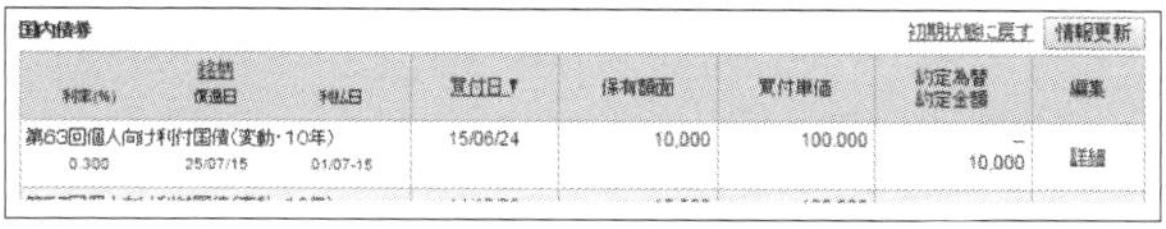

ポートフォリオに追加されました!

※画面は変更になる可能性があります

CHAPTER 2

ド素人でもできるお金の増やし方 編

いままで抱いていた株式投資のイメージを捨てる！

——いくらなんでもバカって失礼だろう。まったく、なんなんだ。あの人は……。

僕は憤慨しながら家に帰りました。

家に帰り、個人向け国債というものを調べたら、たしかに、財務省のホームページに詳しい説明が書いてあった。金利が今は0・5％、元本保証と書いてある。

安全でメガバンクより金利がいいことはわかった。山崎先生の言ったとおりだ。

いままで、何の疑いもなく、10年以上、メガバンクに預けていたけど、たしかにすぐに使わないお金だったら、個人向け国債にしておいたほうが、よかったのかもしれない。

じゃあ、個人向け国債が、どのくらい増えるのか計算してみよう。

僕はパソコンを立ち上げて、エクセルで複利を計算することにした。すると、いまの金利が続いたとしたら、500万円分を買ったとしても、10年で25万円程度しか増えない。2倍になるには140年もかかる……。

これも山崎さんの言ったとおりだ。

たしか、山崎さんはお金を増やしたいなら、全世界株式のナントカがいいって言っていた。それをやればお金が増えるのだろうか。

いやいや。それは危険だ。株なんて危ないに決まっている。あの人も金融業界の人だ。金融業界の人を信用してはいけないって、あの人自身も言っていたし、それにあの人、人にバカとか平気で言うし……。なんか、妙に軽いときもあるし……。

思い出すと、なんだか腹が立ってきた。

よし。あの人の言うお金の増やし方というものを聞くだけ聞いて、買うかどうかは、そのあとに考えればいい。

それで今度は、山崎さんが何かおかしなことを言ったら、反論できるように、調べておこう。

言われっぱなしでは悔しい。

——数日後

あれ、また来たの……。今日はどうしたの。

やっぱり、続きを教えていただけますか。

個人向け国債だけじゃ、たいしてお金が増えないことがわかったのかな?

はい。家に帰って調べたら、個人向け国債はちゃんとしたものでした。ただ、エクセルを駆使して計算したら、個人向け国債の金利０・５％だと、僕の大切な貯金５００万円が２倍の１０００万になるのは、約１４０年もかかることがわかり

ました。残念ながら僕は生きてません……。

個人向け国債でたいして増えないことがわかったなら、わたしがオススメした世界株のインデックスファンドで株式投資をして、5%で運用することを目指せばいいじゃない。

でも、先生……。世界株のインデックスファンドなんて言われたってなんのことだかわからないし、そもそも、それだって株なんですよね……。

そうだよ。

先生。株はいやです……。

どうしてそんなに株を嫌がるの？

だって、減るかもしれないんですよね。それに、先生と違って、経済のこととか詳しくないんですし、経済のニュースを見てもよくわからないです。日中は仕事

してるから、株式取引やってる暇がないんですよ。しかも素人がやると、プロにカモにされるってよく聞くし……。

ちなみに君さ、株式投資っていうと、どういうの想像するの？

投資ですか……。こんな感じです。

あのね、これは投資じゃなくてトレーディングといって、言わば、マニア向けの特殊なゲームなの。ゲームだから取ったり取られたりで、こうやって頑張れば儲

図7　投資は働きながらできる

デートレーダーの株式投資
×
一日中パソコンの前にいなければならない
一般人の投資
◎
個人向け国債
投資信託
本業の仕事
・働きながらできる
・ずっとお金のことを考えていなくていい

かるようになるというものではないしね。

じゃあ、僕はどうしたらいいんですか。株がいいって言ったじゃないですか！

君の場合、実際にやるのは、これから説明する株式の投資信託だけで充分。それ以外の**仮想通貨やＦＸ、金（ゴールド）などの投資は、やらないと覚えておけばいい。**これならシンプルだし、普通にやればだいたいの人がうまくいくと思うよ。

※仮想通貨やＦＸ、ゴールドに投資をしない理由はＰ１５６を参照してください。

はあ……。

それに投資信託は一度、やり方を決めて投資してしまえば、ずっとほったらかしにしていればいいから、手間がかからない。君みたいに日中に仕事をしている人にも合うの。一日中、画面を見ているのなんて、仕事してたらできないし、ずっとお金のこと考えてるなんて、人生がもったいない。頑張るのは本業だけで十分だよ（図7）。

※いつまで持っていればいいかはＰ２０７を参照してください。

まとめ

- パソコンの前に座って値動きを見ているようなデートレーダーの投資はマニア向けのゲームと言うべき特殊な世界である。
- 株式の投資信託だけをやる。仮想通貨やＦＸなど、それ以外の金融商品は手を出さない。

投資信託ってあやしくないですか⁉

でも先生、前に来た時に「銀行で投資信託は買わないほうがいい」って言ってましたよね……。

うん。言ったよ。

（開き直った……）。

「銀行に買うべきものはない」と言っただけで、投資信託の全てがダメというわけじゃない。ネット証券で売っている投資信託の中にはいいものもある。

……。投資信託ってプロにお金を預けて、自分の代わりに運用してもらうやつで

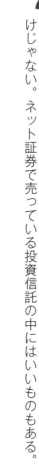

図8　投資信託のイメージ

投資信託（株式）は、いろんな会社の株の詰め合わせ

すよね。

そう。ファンドとも呼ぶ。わかりやすく言うと「詰め合わせ」だね。株に限って言うと、**ひとつの袋の中にいろんな会社の株が入ってる詰め合わせパック**だと考えればいい（図8）。株をひとつ一つ買わずにすむ。

「信託」って言葉があやしくないですか？　信じて託すって、ものすごくダマされそうなイメージがあるんですよ。実際、前の会社を辞めて退職金が振り込まれたら、すぐ、銀行の人から携帯に「投資信託やりませんか」って電話かかってきましたもん。そうやって必死に営業かけられ

ると、騙されそうな気がするんですよ。

たしかに、投資信託でも保険でもマンションでも、**売る側が熱心に売ってくるものは、ほぼ100%自分たちが儲かるから売ろうとしている。**銀行も客のためになるやつじゃなくて、自分たちが手数料を稼げるものを売ろうとする。それで投資信託の悪いイメージが形成されていく。

ですよね……。

でもね、投資信託って日本だけでも五千種類以上あるらしいけど、おそらく99%は検討にもあたいしないゴミなんだよ。でもその中にごく少数だけいいやつもあるの。

（ゴミってひどいな……）そんないいのがあるんですか。

あるよ。じゃあ、投資信託のメリットを順番に説明しようか。まず、最大のメリットは、分散して投資できることだね。例えばソフトバンク一社の株だけを買

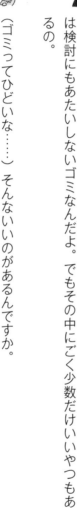

うと、ソフトバンクの株が大きく下落したときに、思いっきり影響を受ける。でも、投資信託は「詰め合わせ」だから、袋の中にはトヨタもセブンイレブンもパナソニックもみずほ銀行も入っている。どれかが下がっても、全体でみたら影響が減らせるというのが分散投資の基本的な考え方。「卵は同じカゴに盛るな」っていう使い古されたことわざがある（図9）。

それ聞いたことあります。

分散投資をしておけば、大きく増やす可能性も減るけど、大きく減らす可能性が減るから、君みたいに安全に運用したい人に合っている。でも、これを自分でやると大変でしょう。何社も株を買わなきゃいけないから、お金も労力もかかる。それを、投資信託を運営している会社が、みんなからお金を集めてまとめてやってくれる。

なんだか、少しいいシステムに聞こえてきました。

あと、投資信託のいいところは気軽に海外にも投資できるってこと。

図９　分散すればリスクは減る

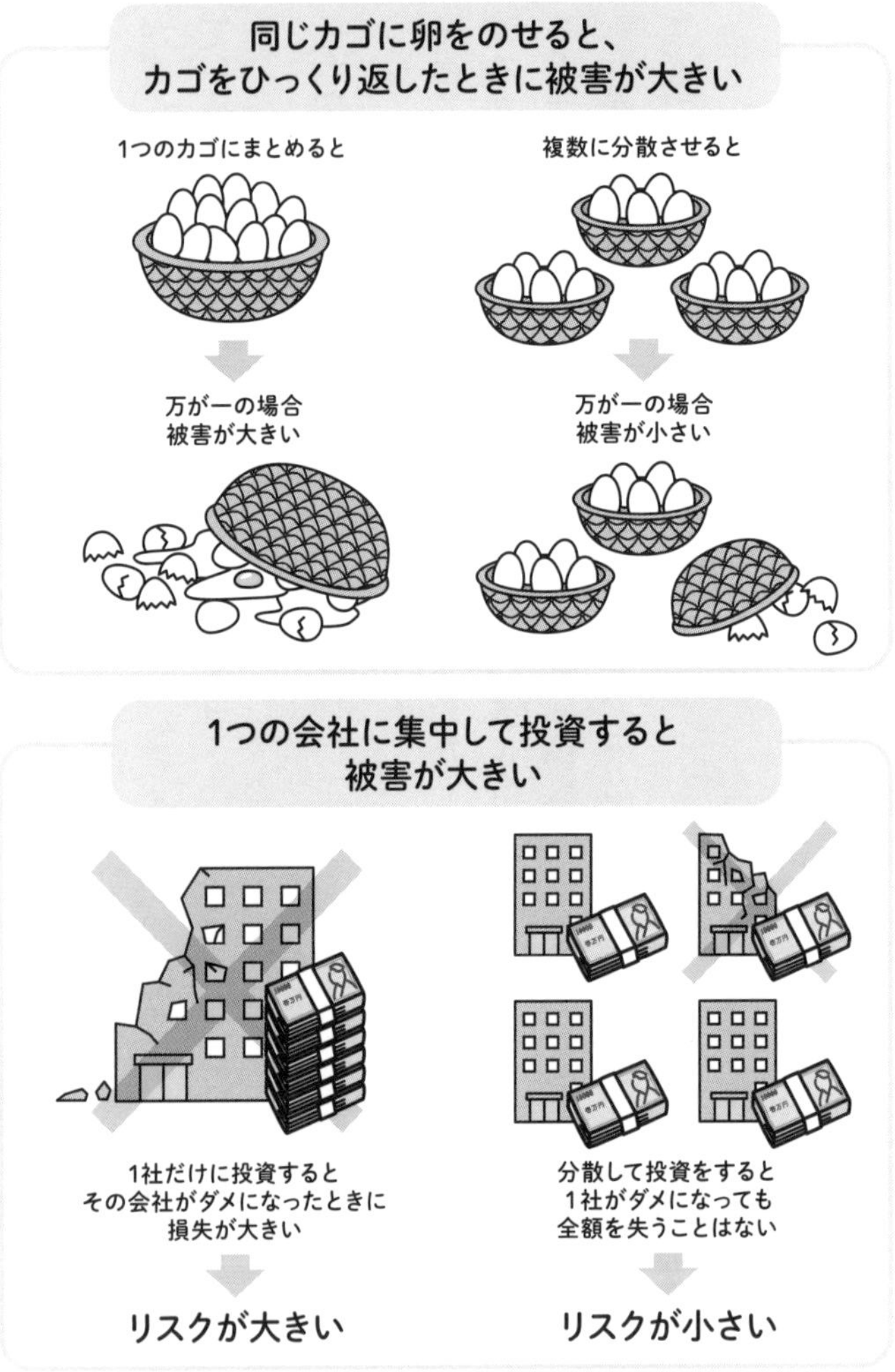
同じカゴに卵をのせると、
カゴをひっくり返したときに被害が大きい
1つのカゴにまとめると
万が一の場合
被害が大きい
複数に分散させると
万が一の場合
被害が小さい
1つの会社に集中して投資すると
被害が大きい
1社だけに投資すると
その会社がダメになったときに
損失が大きい
リスクが大きい
分散して投資をすると
1社がダメになっても
全額を失うことはない
リスクが小さい

海外ですか？

日本の株式市場なんて世界の株式市場の1割にも満たない。世界にはアメリカという世界最大の投資先もあるし、インドやブラジルにも投資先はある。でも、海外の株式に投資するには、すごく手間が掛かる。しかし、これも運用会社がまとめてやってくれるの。

だまされる可能性ってないんですか。投資信託の中身を入れ替えて、本当は増えてるのに、「減りました」と報告されるなんてことは……。

それはまずない。運用の内容は顧客に詳しく開示しなければいけないと法律で決まっているし、運用されている資産自体は、銀行や証券会社など販売しているところでも、運用を指示する運用会社でもなくて、信託銀行という別の場所で保管されているから、ごまかしはやりにくい（図10）。

じゃあ投資信託を買って、そのあとに証券会社がつぶれたりして、「あなたの投資信託はなくなりました」「信じて託したのに……」ってことはないんですか？

それもない。投資信託は買ったところ（銀行や証券会社）がつぶれても、さっき話したように資産は信託銀行で管理されているから大丈夫なんだ。実際、**１９９７年に山一證券が自主廃業を発表して、その時、わたしは山一證券に勤務していたんだけど、顧客から預かっていた資産は無事だったよ。**

じゃあ、その信託銀行っていうところが潰れる可能性はないんですか。

もちろんある。でも、客から集めた資産は、会社のお金と別で管理するよう法律で決められているから、信託銀行が潰れたとしても不正がなければ大丈夫だよ。**投資信託っていうのは資産を比較的安全に保管できる方法だともいえる。**

まとめ

- **投資信託はプロに運用してもらえる株の詰め合わせ。**
- **分散投資ができて、海外にも投資できる。**
- **投資した資金は信託銀行で管理されていて比較的安全である。**

図10　投資信託のお金の流れ

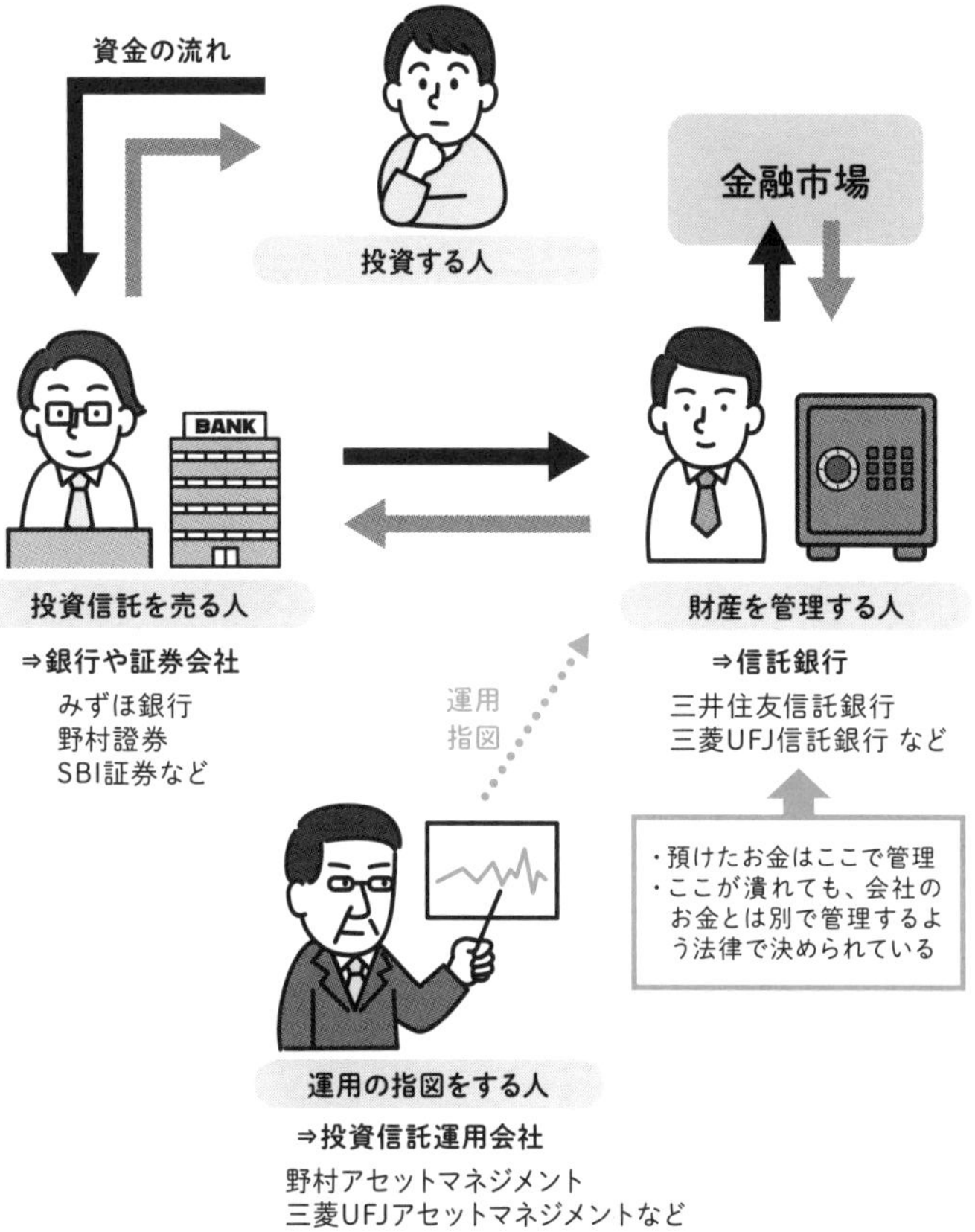

投資信託は専門の機関がそれぞれの業務を行っている
→投資信託のお金は結構安全

買うべき投資信託はこれ！

オオハシ注

これから先生に「インデックスファンド」なるものを教えてもらうのですが、投資系の話で横文字やアルファベットが出てくると、難しそうに見えるし、素人が手を出してはいけない怪しい商品な感じがします。ですが、インデックスファンドというものは金融商品のなかでも、かなり堅実で、手間もかからないので、素人が手を出すべき商品のようです。

先生、投資信託って五千種類もあって、いいやつは1％もないんですよね。どれを買えばいいんですか？

買うといいのは世界中に分散された株式のインデックスファンドなのだけれども、商品名で言えば、例えばこれだね。

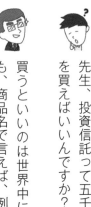

山崎先生　おすすめの投資信託
eMAXIS Slim 全世界株式（オール・カントリー）
通称「オルカン」

それって最初に言ってたやつですよね。なぜ、この商品がいいって言い切れるんですか？　運用が上手くて、成績が抜群にいいんですか。

いや、毎年の成績はまあ普通だね。

えっ……。なんでそんなのすすめるんですか？

説明がちょっと難しいかもしれないけど、結論としては、さっき教えたオルカンを買えばいいから、「ふーん、そういうものなのか」と思って聞いてくれればいいよ。

はい……。

図11　投資信託は2種類

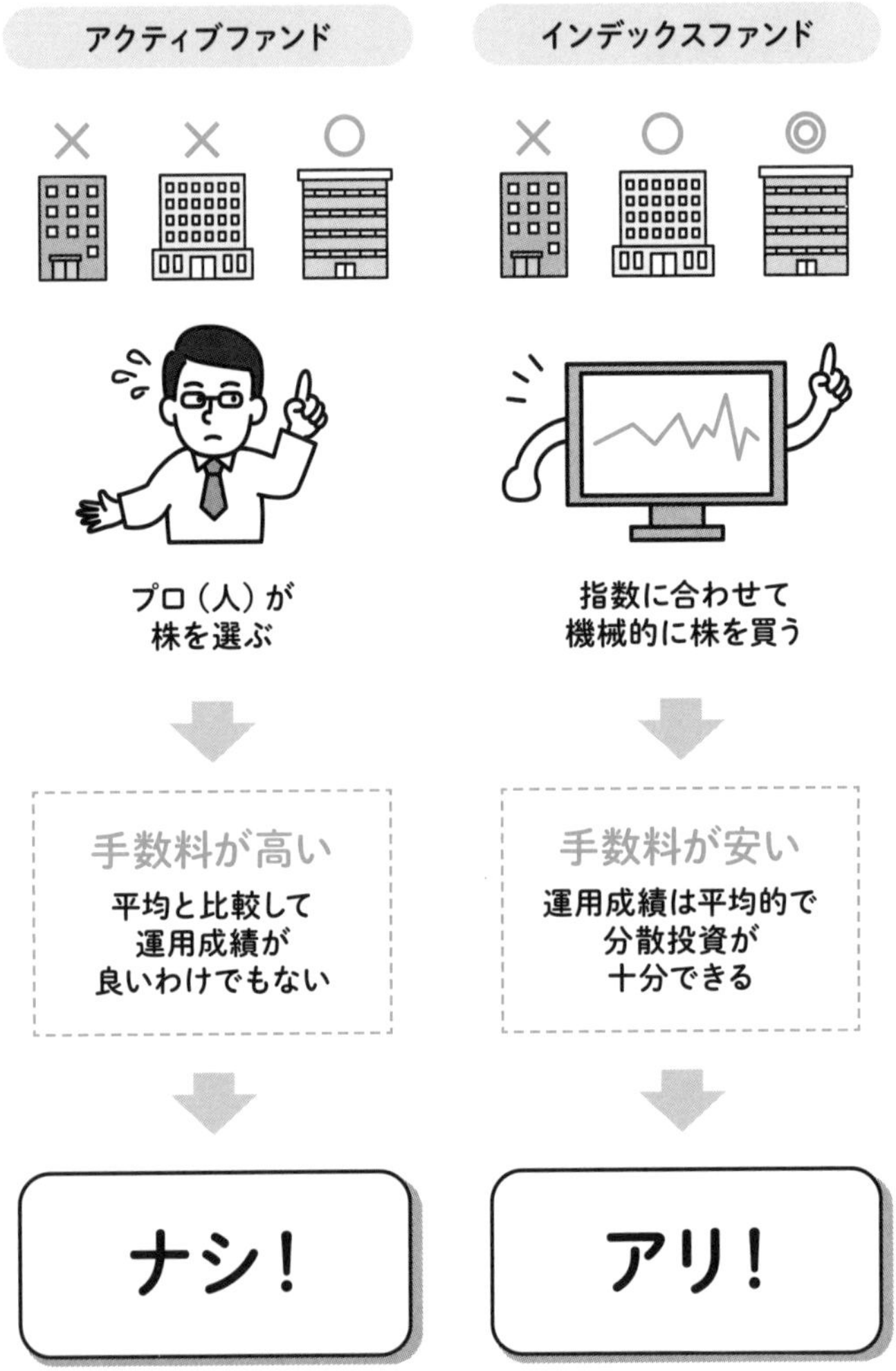
アクティブファンド
インデックスファンド
プロ（人）が
株を選ぶ
指数に合わせて
機械的に株を買う
手数料が高い
平均と比較して
運用成績が
良いわけでもない
手数料が安い
運用成績は平均的で
分散投資が
十分できる
ナシ！
アリ！

投資信託には大きく2種類ある。プロ（人）がどの会社の株がいいか選んで詰め合わせをつくっているのが**アクティブファンド**。もうひとつは株価指数（インデックス）の中身に合わせて、機械的に詰め合わせをつくっている**インデックスファンド**（図11）。
それで、わたしはアクティブファンドよりインデックスファンド。その中でも、世界中に分散投資できる「オルカン」と呼ばれている商品をオススメしている。

※「アクティブ」とは「積極的な」という意味で、反対にインデックスファンドを「パッシブ（消極的な）ファンド」と呼ぶことがあります。

指数とはなんでしょう?

「日経平均」って聞いたことあるでしょう。

ええ、聞いたことあります。ニュースとかでやってるやつですよね。

日経平均株価も指数だね。オススメはしないけど、もし君が**日経平均のインデックスファンドを持てば、日経平均に含まれている企業の全ての株を持つことに**

図 12　インデックスファンドのイメージ

日経平均株価に連動したインデックスファンドを買ったら

トヨタ、三菱UFJ、NTT、ソフトバンク…など
日経平均株価の対象である225 社

ひとつの袋に詰め合わせる

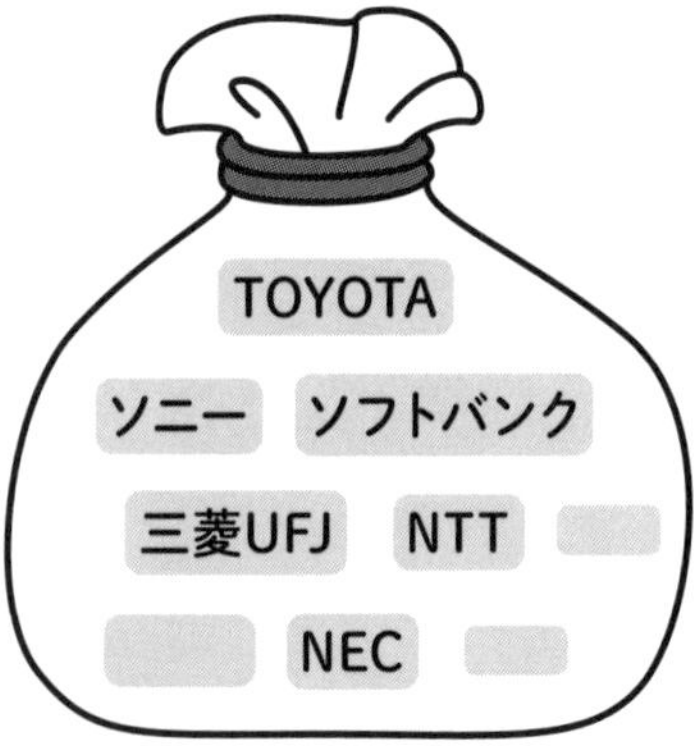

日経平均連動インデックスファンド

日経平均株価が5%上がれば、約5%儲かる
日経平均株価が5%下がれば、約5%損する

なって、日経平均があがれば、儲かるし、下がれば損をするの（図12）。

日経平均自体を持っているようなイメージでしょうか。

そうだね。それで「日経平均」は日本企業の株価の指数（インデックス）で、他には「ＴＯＰＩＸ」というものもある。アメリカには「ダウ平均」や「Ｓ＆Ｐ５００」という指数があるし、他の国にも株価指数がある。

世界の主な株価指数（インデックス）

- 日経平均株価……東京証券取引所に上場する２２５銘柄の平均
- ＴＯＰＩＸ……東京証券取引所の上場銘柄、約２０００社の平均
- ダウ平均……アメリカの代表的な株価指数
- Ｓ＆Ｐ５００……アメリカの時価総額の大きい主要５００社で構成する株価指数
- ＦＴＳＥ１００……イギリスの代表的な株価指数

それで指数には、国別のものだけでなくて、世界全体にも「**MSCIオール・カントリー・ワールド・インデックス**」というのがあって、さっき教えたオルカンは、その指数に沿って詰め合わせを作ったインデックスファンドだね。

エム、エス、シー……。

名前は覚えなくていいよ。

日経平均の世界版みたいなイメージでいいんですかね?

まあ、かなりおおざっぱに言えば、そのイメージでいいよ。**これを買えば世界中の会社に広く分散投資していることになって、世界全体に投資しているイメージに近い。**

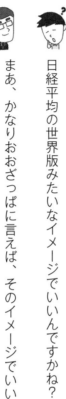

まとめ

- 投資信託にはアクティブファンドとインデックスファンドの2種類がある。
- プロが株を選ぶのがアクティブファンド。指数に沿って株式を持つのがインデックスファンド。
- おすすめの投資信託は「eMAXIS Slim 全世界株式（オール・カントリー）」略して「オルカン」というインデックスファンド。

100円払えばアップルやグーグルの株主になれる！

じゃあ、山崎さんのおすすめするオルカンとは具体的にどんな商品か教えていただけますでしょうか。

世界中の主な会社、約3000社の株式が入っている詰め合わせだね。つまり**1つの投資信託を買うだけで、3000社の株を持つことができる**（図13）。

どんな会社が入っているんですか。

図 13　「eMAXIS Slim 全世界株式（オール・カントリー）」とは

世界の主要な会社

アップル（米）　アマゾン（米）
エクソンモービル（米）　テスラ（米）
トヨタ（日）　TSMC（台湾）
マイクロソフト（米）　LVMH（フランス）
……など3000社以上

ひとつの袋に詰め合わせる

eMAXIS Slim 全世界株式（オール・カントリー）

「MSCIオール・カントリー・ワールド・インデックス」
という指数に連動する
世界47か国の会社の株式が対象（アメリカの会社が約60%）

※大きい会社ほど、大きな割合で入っていて、
　小さい会社は割合も小さい（会社ごとに入っている量が違う）
※MSCIとは指数を作っている会社の名前

今だと**アメリカの企業が全体の6割くらい**で、アップルとか、テスラとか、グーグルを運営するアルファベット社などが含まれていて、日本の企業は合わせても全体の6%くらいでトヨタとかソニーなどが含まれる。

もしかしてそれって、それを買えばテスラとか、アップルの株主になれるってことですか。

そういうことだね。

ということは、イーロン・マスクが頑張れば、僕の貯金が増えるってことですか?

単純にそうとは言えないけど、まあイメージとしてはそうだね……。

(がんばれ、イーロン・マスク。僕の貯金を増やしてくれ!)

……。それで、ポイントは会社の大きさごとにウェイトが違っていて、時価総額

が大きい会社（会社の価値が高いと評価されている会社）ほど比率が多く、価格が下った会社は比率が小さくなっていく。

もしダメな会社が袋の中に入ってたらどうするんですか。

時価総額が小さくなった会社はどんどん比率が小さくなって、影響が小さくなるように出来ている。そのうちに入れ替えの対象になってしまうよ。たとえば、メルカリとか、良品計画とかは、２０２２年に除外されたりしているね。

まとめ

- **オルカンは世界の主な株に分散して投資できる商品。**
- **中身は定期的に入れ替わっていて、その時の評価の高い（時価総額の大きい）会社の株式の影響力が大きくなる仕組みになっている。**

インデックスファンドは恐ろしいほど手数料が安い

なぜ、それをすすめるんですか？　別に過去の成績がいいわけじゃないんですよね……。

これをすすめる理由は2つある。1番大きい理由はおいといて、ここでは2番目の理由から説明しようか。

はい。

2番目の理由は**アクティブファンドよりインデックスファンドのほうが手数料が安い**ということだね。特にオルカンは世界中に分散して投資できるのに、手数料は年間0.06%程度とかなり安いわけ。

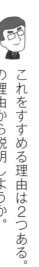

インデックスファンドを進める理由2
手数料が安い！

手数料ですか……。

投資信託には2つの手数料がかかる。「販売手数料」と「運用管理手数料」。

？？？

難しく考えなくていい。買うときに一度だけ払うのが販売手数料。定期的に払うのが運用管理手数料で、「信託報酬」とも言う。わかりやすく言うと、イニシャルコストとランニングコストだね。

- **販売手数料……イニシャルコスト。買うときに一度だけかかる。**
- **運用管理手数料……ランニングコスト。持っている間、ずっとかかる。信託報酬ともいう。**

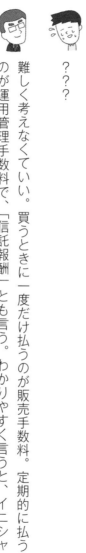

それならわかります。

販売手数料（イニシャルコスト）は銀行の窓口じゃなくて、ネットで買うと安くなったり、0円になったりする。実際、**さっきの投資信託オルカンはSBI証券でも楽天証券でも販売手数料が0円でタダ**。まあ、これは今やネット証券では当然だけどね。

タダなら気にしなくていいですね……。

もう一つ気にしなきゃいけないのが、ランニングコストだね。これは運用会社が自動的に差し引いてくれるんだけど、手数料は確実に生じる損失だから極力減らしたい。
それで、アクティブファンドは1%や2%もするものもあるけど、オルカンは1年に約0.06%。かなり安いから、今後もっといい物がでてきても、まあ、大差ないから気にしなくてもいい。

※三菱ＵＦＪ国際投信の「eMAXIS Slimシリーズ」は「業界最低水準の運用コストを将来にわたって目指し続ける」とアナウンスしていて、本書を制作中にも他社の値下げに伴い、オルカンの手数料を約0.1%から約0.06%に値下げしました。

まとめ

- 投資信託には販売手数料（イニシャルコスト）と運用管理手数料（ランニングコスト）がかかる。
- オルカンは販売手数料が無料、運用管理手数料が約0・06％と安い。

結局最後は「平均君」が勝つ!? その理由とは？

先生、インデックスファンドが安いのはわかったんですけど、成績は普通なんですよね……。多少高いお金を払ってでも、頭のいいプロの人に選んでもらったほうがいいんじゃないですか。

実は、そんなことないんだ。

そうなんですか……。

じゃあ、ここからは、インデックスファンドをすすめる1番の理由を説明していく。

まず、20年くらいの長期でみると、インデックスファンドより良い成績をおさめるアクティブファンド（プロの投資家）は、ほとんどいないし、誰が勝つかは、事前にはわからない。

そういう仕事の人って、ものすごい頭のいい人がやっているイメージですけど、サッカーでいうブラジル代表のように投資の最強チームみたいな人たちはいないんですか？　この人たちに任せておけば大丈夫っていう、優秀な人たちです。

そんな人が本当にいたら世界の富の何割かを一人占め出来るはずだけど、現実の大金持ちの資産はたかだか十数兆円くらいでしかない。仮にいても、自分で分かっていればその能力を他人のために使ったりしないでしょ。だから、われわれは気にしなくてもいいというのが一つの答えだね。
実際、ノーベル経済学賞の受賞者が運用チームにいても倒産したファンドがある。
学力優秀な人が儲けられるという訳でもないの。市場という仕組みはゲームとしてなかなかよく出来ているんだよ。

そうなんですか……。

それで、短い期間でみれば、インデックスファンドより成績のいいアクティブファンドはあるんだけど、インデックスファンドはいつも平均的な成績をおさめるから、10年とか20年の長い期間で見ると、**ほとんどのプロが機械的に投資しているインデックスファンドに負ける**の。これは、過去のデータを見るとわかる「運用業界の不都合な真実」なんだ（図14）。

いつも平均点をとる平均君が、最終的には、ほとんどのプロに勝ってしまうってことですか……。

そういうことだね。アクティブファンドを運用するプロの人は株式を売ったり買ったりするから、そのたびに手数料など売買コストを支払う。でも平均を持ってじっとしている人はこのコストを払わなくてもいいので有利なの。

それって、お金を運用するなら、あまりいじったりしないで、何もしないほうが有利ってことですか……。

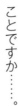

図14　いつも平均点のインデックスファンドが長期では優秀

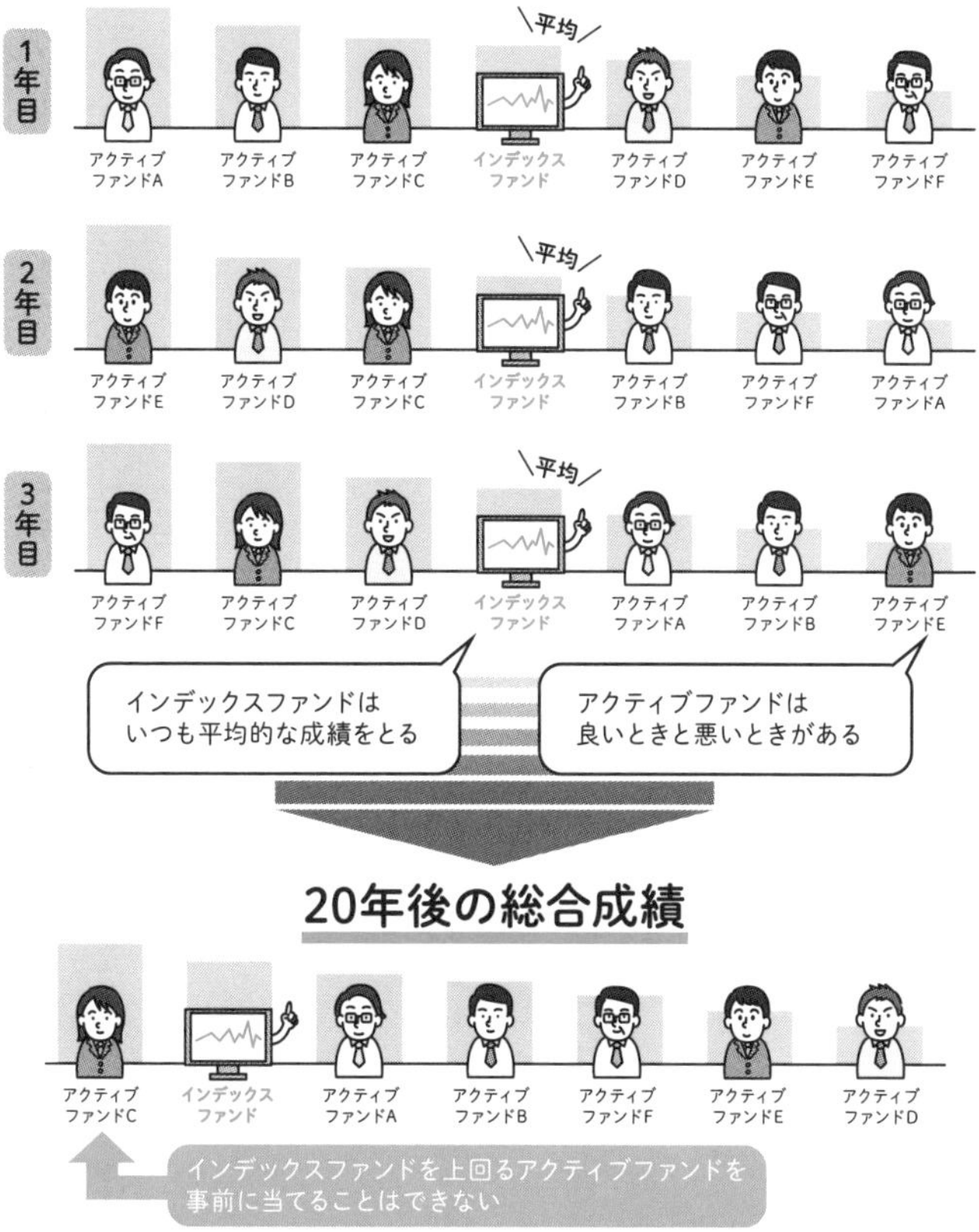

インデックスファンドは長期間保有すると上位の成績をとる

（ほとんどのアクティブファンドはインデックスファンドに負ける）

そう。アクティブファンドはカジノでルーレットのテーブルにいて、何番が当たるか賭けているのに近い。当たることもあるけど、はずすこともある。それなのに、アクティブ運用の人たちは、賭けを変更するたびにディーラーに手数料を取られている。でも、さっき教えたオルカンのようなインデックスファンドは、この手数料なしに常に平均点をとってくれる。こっちのほうがいいのは明らかだよ。

まとめ

- どのアクティブファンドがインデックスファンドに勝るかは事前に判断することができない。
- 長期で保有すると、平均点をとるインデックスファンドが、ほとんどのアクティブファンドに勝る。
- お金の運用の世界ではインデックスファンドを持ってじっとしているのが有利。

株って競馬や宝くじと何が違うんですか？

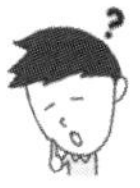

でも、そのインデックスファンドってやつだって、減るかもしれないんですよね。だったら、それだってギャンブルじゃないですか。競馬や宝くじとそんなに変わらないことじゃないんでしょうか。

カジノに例えてしまったけど、インデックスファンドを買って、株式に投資することは、生産に参加する「資本」を提供してお金を働かせることなので、誰かが勝って、誰かが負ける、ギャンブルとはちがう。手持ちの「お金も働かせて稼ぐ」ことだと考えていい（図15）。働かないで稼ぐという話ではないからね。

たしかに、ギャンブルと意味合いは違うかもしれませんが、お金を渡した先の企業が減らしてしまうかもしれないんですよね……。実質的なギャンブルじゃない

図 15　投資とギャンブルの違い（重要な考え方です）

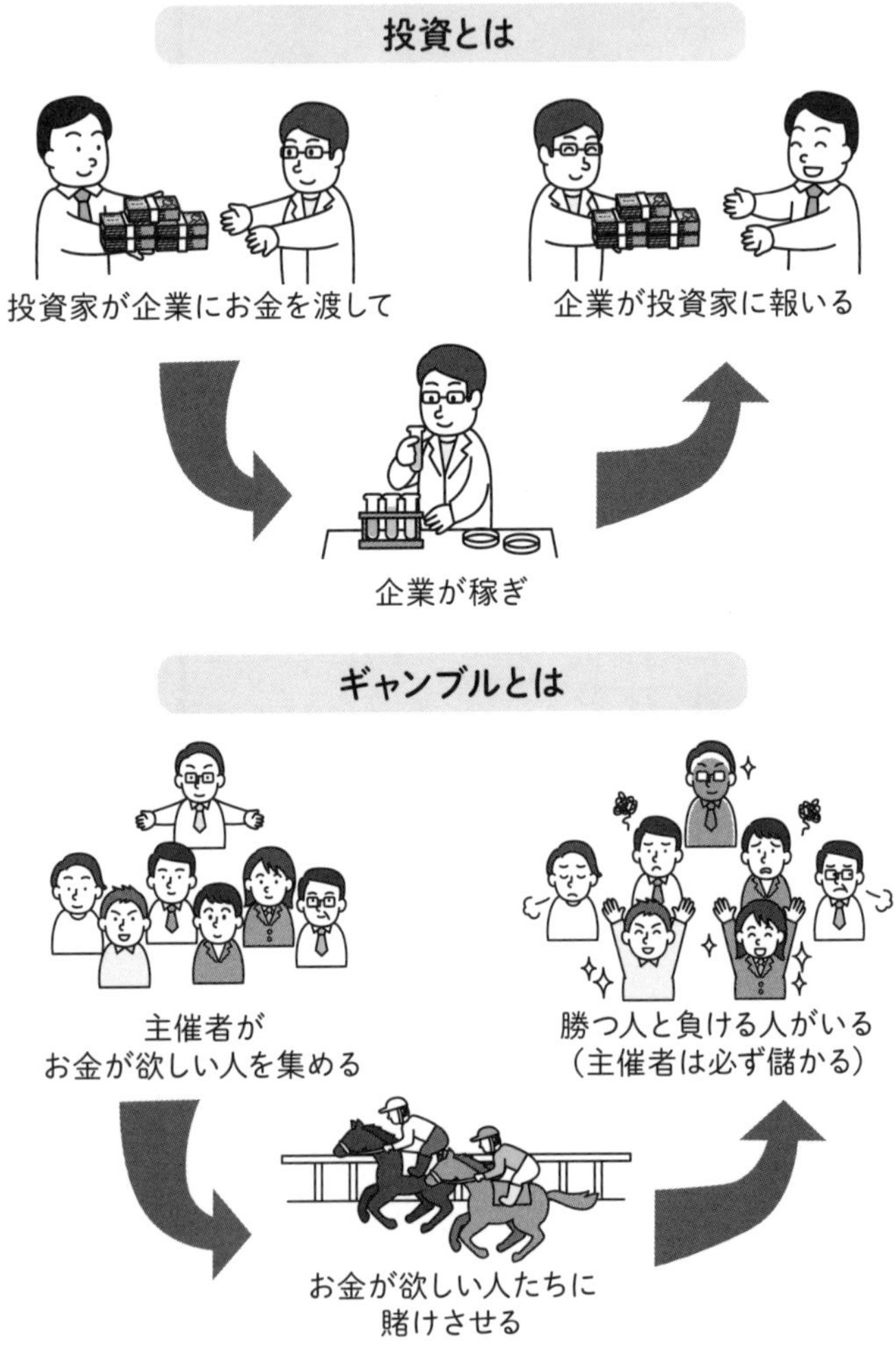
投資とは
投資家が企業にお金を渡して
企業が稼ぎ
企業が投資家に報いる
ギャンブルとは
主催者が
お金が欲しい人を集める
お金が欲しい人たちに
賭けさせる
勝つ人と負ける人がいる
（主催者は必ず儲かる）

んでしょうか？　それなのに、どうして数多くある手段からそれを選ぶんでしょう……。

それはリスクプレミアムがもらえるからだね。

リスクプレミアムですか……。なんでしょうそれは。

よく、リスクって言葉使うでしょう。リスクって何だかわかる？

ハイリスク、ハイリターンとか言うやつですよね……。減るかもしれないことですか？

リスクというのはそれだけじゃなくて、「減るかもしれないし、増えるかもしれない」ってことなの。

増えるほうもリスクに含まれるんですね……。

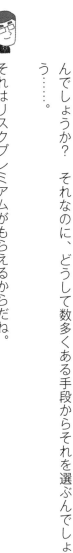

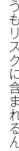

だけど、たいていの人はリスクを嫌うんだよね。朝、起きるたびに貯金が増えたり、減ったりしてたらいやでしょう？

それはいやですね……。

株式投資ではそのリスクを引き受ける報酬として、リスクプレミアムがもらえるようになってるの。

リスク……増えるかもしれないし、減るかもしれないこと
リスクプレミアム……リスクを受け入れることによって得られる報酬

※リスクプレミアムはリスクのない資産（国債など）の金利にプラスして、年間どのくらいの収益が期待できるかをパーセントで表します。

それで、プロの投資家や学者の間では、株式への投資において年間5%〜6%くらいのリスクプレミアムが得られると考えられている。私もそう思うからすすめているし、いままでもそんな感じで増えてきた。（図16）

図16　現金とオルカンの比較

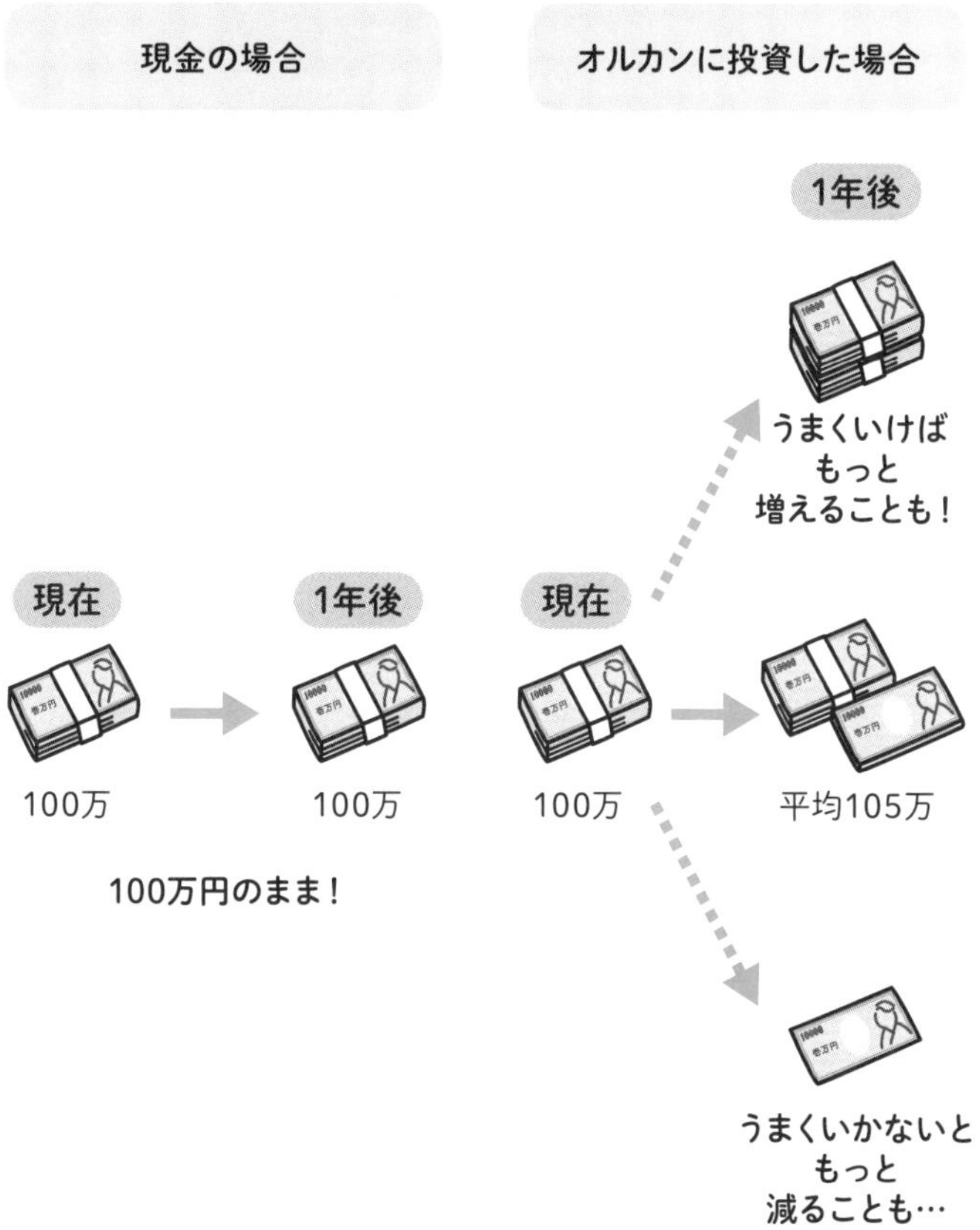

※あくまでも過去の成績を
元にした参考値です。

どうしてプラス5%なんでしょう。山崎さんがそう思うだけで、個人的な感想じゃないですか。

「GPIF」という国民から集めた年金を、運用して増やそうとしている国の機関があるんだけど、彼らは株式について、だいたい金利プラス5%くらいの計画を立てて、実際、それくらいの利回りで毎年運用してきた。株式のリスクプレミアムはこれくらいで考えておくのは、別に特別なことではなく世間並みだと思うよ。もちろん、絶対に得られる訳ではないけどね。

※GPIF……年金積立金を運用している公的な機関。世界最大級のお金をインデックス運用している。

※参考値ですが、過去15年において世界全体の株式指数の年間平均リターンは約6~7パーセント程度と言われています。
（「iシェアーズ MSCI ACWI ETF」の運用実績より算出）

うーん。ちょっとまだわからないんですけど……、いままでは経済成長してきて株価が上がったかもしれませんけど、世界全体の株を買ったところで、これからは、日本のように少子高齢化する国は多いし、景気が悪くなったりするかもしれないのに、それなのに、どうしてプラス5%ももらえるんですか。

図 17　景気と株価の関係（イメージ）

低成長で
株価は安いです
人気はありません
高成長で
株価は高いです
人気があります

どちらに投資するのが有利かはわからない
（どちらもリターンが期待できる）

「経済成長しなければ株価が上がらない」
というのは間違った考え方

そこは、バカが勘違いしやすいところだね。

バカって……。

リスクプレミアムは、あくまでもリスクをとることに対して生じるものなので、利益成長の予想がゼロやマイナスでも、成長しないという予想が織り込まれているから、「高成長で高い株価」に投資するのと「低成長で安い株価」に投資するのとでは、どちらに投資したら得なのかはざっくり五分五分だね（図17）。

経済成長するから株価があがるというわけでもないんですね……。

じゃあ、ここで君が言っていた、宝くじや競馬と株式投資を比べてみようか。競馬は胴元である運営者側が、集めたお金からだいたい25%くらい引いて、残りの75%を、馬券を買ったお客さん同士で取り合う。だから仮にずっと1万円の馬券を買い続けたとしたら、平均的な払い戻し金は、だいたい7500円になってしまう（マイナス25%だから）（図18）。

図18　競馬や宝くじはアリか?

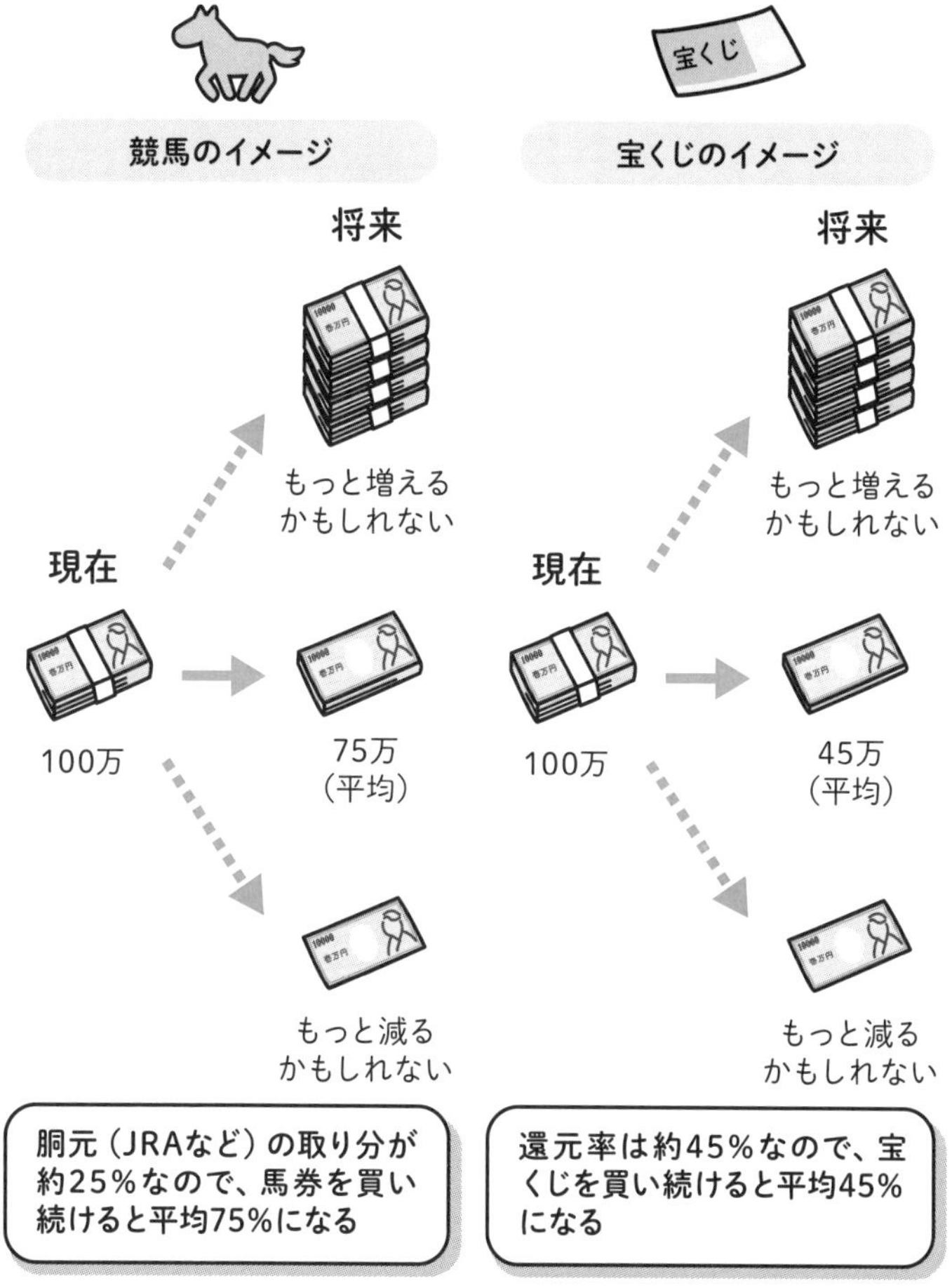

※宝くじは、法律で還元率が50%を超えてはならないと定められている

平均点をとって、7500円になってしまうのは、損な気がしますね。

宝くじは法律で還元率が50%を超えてはならないと定められていて、実際の還元率は約45%くらい。つまり、宝くじを1万円分ずっと買い続けたら、平均で4500円くらいになる（図18）。

そんなに低いんですか⁉

うん。ちなみに**還元率45%っていうのは驚異的に低くて、世界トップレベルのボッタクリギャンブル**。だったら世界株のインデックスファンドでプラス5%を目指したほうがいいでしょう。ちなみに宝くじで損する分は「**無知の税金**」って言われている。正しい知識があれば、失うことのないお金だからね。

無知の税金ですか……。

どうせ銀行に預けててもお金はたいして増えないんだから、無理のない範囲でリスクを負って平均でプラス5%が狙えるインデックスファンドを買ってみようよ、ということだね。

オオハシ注

日本では投資をしている人がまだ少ないそうです。

それは、この考え方が理解されてないのが原因だと思いました。

投資というと、世の中の情勢をくまなく知って、株が上がるか、下がるか予想する。それで上がったら大儲け、負けたらすっからかん。そんなイメージを持ってしまいがちですが、そうじゃないコツコツ型の「お金の増やし方」があり、欧米ではそれが一般的なのだそうです。

で、ここで言うコツコツ型の「お金の増やし方」というのは、100万円がたぶん105万円になる。減るかもしれないし、もっと増えるかもしれない。でも長い目でみたら、おそらく平均105万。

というやり方があり、これを簡単に実行できる金融商品も出ていて、素人でも難しいことではない。ということなのです。

ということは、先生は当然、ギャンブルはやらないんですよね。

やるよ。競馬を。

えーっ！　話違うじゃないですか。ギャンブルじゃなくて投資をやるべきなんじゃないんですか。

そうだよ。

（開き直った……）じゃあ、なんでやるんですか？　さっきの話だと、胴元が25％とるから1万円を使ったら7500円になるって言ったじゃないですか。

2500円で熱狂できるし頭も使うからね。私はその精神的効用を買ってるの。くだらない映画を観るよりは全然いい。投資じゃなくて「教養娯楽費」だね。

（教養娯楽費……）。

とにかく、借金をしてギャンブルにつぎ込むのは問題外だけど、節度をもってやる分には、いい娯楽。ちなみにあるニュースサイトで競馬の予想の連載をやってるから、それもしっかり書いといて。

（あっ、さりげなく宣伝までされた……）。

まとめ

- リスクとは増えるかもしれないし、減るかもしれないこと。
- リスクをとることによってリスクプレミアムを期待できる。
- 競馬や宝くじは胴元の取り分だけ損をするから経済合理的にはやらないほうがいい。
- ただし、競馬は損が問題ない範囲でやるなら意思決定の練習や精神的鍛錬になるらしい……（本当だろうか!?）。

1万円だけでも投資をすると勉強になる

なんだか、とてもいい商品な気がしてきました。でも、やっぱり怖くて投資できません。もう一度よく考えてみます……。

君は、心配しすぎだね……。

でも、まだよくわかってないですからね……。お金のことも経済のことも。

じゃあ、ちょっとだけ買ってみれば。私はこういうのは理屈に合わないから勧めないけど、君みたいな人は、ネット証券に口座を開いて、1万円だけオルカンに投資してみるといいかもしれないね。何が起こるか分かるよ。別に怖いことが起こるわけじゃないって。

1万円ですか……。

いつもは、最適な投資額を決めて、一気に買ってしまえって教えてるんだけど、君は特別気が弱そうだから、今回は方針を変える。

………。

投資って、やってみるまでは海のものとも山のものともわからないじゃない。だからなんとなく怖いイメージがある。**でも、やってみれば、どんなふうに増えるかわかるし、案外面倒でないこともわかる。一回体験してみるといいよ。**それでもし自分にはあわないと思えばやめればいいし。

うーん。1万円か……。

……あのね、オルカンなら1万円投資して、1万円全部なくなることなんてまずないし、仮に3000円を失ったとしても、3000円でお金のことを学べるなら安いものじゃない。

でも、減るんですよね……。

君は極端にリスクをいやがっているけど、実際には**仕事でクビになるリスクも、会社が傾くリスクも、健康を損なうリスクも、すでにとっているん**だよ。それなのに、お金の「運用」のところだけリスクに目を背けて、不利な「銀行預金」をしているわけだ。いろいろなリスクがある中で、お金のリスクにだけにこだわるのはバカげているんだよ。

またバカって言った……。

オオハシ注

まず1万円分を買ってみる「とりあえず投資」

個人向け国債とオルカンを1万円ずつ買ってみたのですが、やってよかったです。

というのも、お金のことって本を読んだり人に聞いたりするのと、実際に買って動かしてみるのでは、理解度が全然違うからです。ボールを蹴らないとサッカーが上達しないように、お金の運用も実際にやってみることによって「お金を運用するのってこういうことか」と実感できます。

また、「とりあえず投資」には、もうひとついいことがあります。それは、経済の情報にアンテナが張られることです。少額でも何かに投資することによって、株価や為替相場、経済系のニュースに目がいくようになり、お金の知識が少しずつ身についていきます。

1万円だけ投資するのは、自分への投資になるのではないでしょうか。

まとめ

- **とりあえず1万円の投資をすることによって、お金の勉強ができる。**

COLUMN

世界全体のオルカンとアメリカだけのS&P500。どっちがいい？

——後日

先生、ひどいじゃないですか……。

どうしたの？

家に帰って、先生が言ってることが正しいか、ネットで調べたんですよ。そしたら、アメリカの株が最強だから、オルカンじゃなくS&P500に連動したインデックスファンドだけを持っていればいいって言ってましたよ。先生、僕に嘘を教えました？

誰が言ってたの？

ＹｏｕＴｕｂｅのインフルエンサーです。

……。君は本当に私のことを信用しないね……。私のＹｏｕＴｕｂｅも観てよ。

でも、結構言っている人は多いんですよ。どうしてオルカンのほうがいいか教えてください。

わかった。まず、Ｓ＆Ｐ５００に連動したインデックスファンドは、オルカンが世界全体に投資していたのに対し、アメリカの優良企業５００社のみに絞った、株式の詰め合わせだね（図19）。

アップルとかテスラとかアメリカの企業５００社に絞ると、少数精鋭でかっこいいイメージがしますが……。

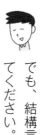

図19　S&P500連動インデックスファンドとは

アメリカの主要な会社

アップル（米）
アマゾン（米）
テスラ（米）
マイクロソフト（米）
マクドナルド（米）
コカコーラ（米）
ジョンソンエンドジョンソン（米）
エクソンモービル（米）

……などアメリカの主要500社

ひとつの袋に詰め合わせる

「S&P500連動インデックスファンド」

S&P500…アメリカの主要企業500社の指数

**経済大国アメリカ全体の株を
分散して持つことができる**

S&P500がいいという人の意見はこのあたりだね。

- ここ30年間くらい成績が世界全体の株価指数より良かった。
- アメリカは日本やイギリスなどとは違って、先進国で唯一、人口が増え続けているから、これから経済が成長すると考えられている。
- アメリカの証券市場は利益を投資家に還元する環境が整っている。

はい……。たしかにアメリカといえば株式取引が活発なイメージがありますし、世界の経済を牛耳っているイメージがあります。

でもね、**S&P500が良かったのは、過去30年くらいの「済んだ話」**で、**「これからの話」ではない**。昔は人気だった日本の株が、いまでは世界の6%にも満たなかったりするし、アメリカの株が今後も同じように上がり続けるかはわからないよ（図20）。それに、30年って言うとすごいデータだと思うかもしれないけど、運用は20年、30年と続けるんだから、たった1回分くらいのデータに過ぎない。根拠にも証明にもならないね。

図 20　世界の時価総額ランキング

1989年

1	NTT（日本）
2	日本興業銀行（日本）
3	住友銀行（日本）
4	富士銀行（日本）
5	第一勧業銀行（日本）
6	IBM（アメリカ）
7	三菱銀行（日本）
8	エクソン（アメリカ）
9	東京電力（日本）
10	ロイヤル・ダッチ・シェル（イギリス）

ほとんどが日本企業

2023年

1	アップル（アメリカ）
2	マイクロソフト（アメリカ）
3	サウジアラビアン・オイル（サウジアラビア）
4	アルファベット（アメリカ）
5	アマゾン・ドット・コム（アメリカ）
6	エヌビディア（アメリカ）
7	バークシャー・ハサウェイ（アメリカ）
8	テスラ（アメリカ）
9	メタプラットフォームズ（アメリカ）
10	ビザ（アメリカ）

ほとんどが
アメリカの企業

2050年

1	
2	
3	
4	
5	
6	
7	
8	
9	
10	

どうなるかわからない…

※出典 東京新聞ウェブサイト

でも、あのアメリカですよ……。当分は問題ないんじゃないですか。

そもそもオルカン（世界株のインデックスファンド）には、今なら米国株が6割以上入っているから、実質的に、米国株にも投資できている。それに、世界の株式市場はますます連動性が高まっているから、そもそも両者の差は大きなものではないね。

たしかにアメリカの金融機関がつぶれただけで、日本で会社をやめさせられたりする人が出てくるわけですからね。それだけ世界の経済は密接なんですね。

とはいえ、**アメリカだけに集中させてしまうと、アメリカという国の経済政策や税率、規制が変わると、アメリカ株だけが大きな影響を受けるリスクはある。**

この前教えたように、お金を増やすには、平均的な成績を出せるように投資するのが原則。それなのに、アメリカだけに集中させるのは、一種のアクティブファンド（偏りを持たせた運用）になる。オルカンという1つの商品を買えば「全世界の株式を平均的に買うこと」ができるのだから、オルカンがいいと私は思うよ。

CHAPTER 3

持ち家や保険はアリ!? お金の使い方 編

結局、家は買ったほうがいいの？

ここまで、お金の増やし方を聞いてきましたけど、お金の使い方も大切ですよね。

もちろん。お金は使うためにあるからね。

じゃあ、ここで一旦お金を使うほうの話を聞かせてください。やっぱり、人生で一番大きな買い物といえば、家ですかね。

そうだね。買うにしても、借りるにしても住居費は大きいね。

じゃあ、先生。家は買ったほうがいいか、借りたほうがいいか。この永遠の議論については、どうお考えですか？

君はどっちだと思うの？

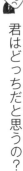

断然、購入派ですね。だって、賃貸だと毎月、家賃を捨てていくようなものじゃないですか。それだったら、自分のものになるほうがいいです。

それは、ダメな思考パターンだね。住居は一定の期間、住むことができれば、それで十分なはずなのに、**「自分のものになる」ということだけを過大評価している。**それに持ち家にはデメリットもあるよ。

……。なんでしょうデメリットって……。

いろいろあるんだけど、ここでは大事なデメリットを2つあげる。

①資産が持ち家に集中してしまう
②流動性がない

まず1つ目のデメリットは**資産を分散できない**ってこと。
仮に君がローンを組んで、5000万円で家を買ったとする。それを、インデックスファンドのところで説明した卵とカゴの例で言うと、かごに大きな卵を1つ

入れているのと同じ状態になる。もしカゴがひっくりかえるようなことがあると、資産の大部分に影響が出てしまう（図21）。

持ち家において、カゴがひっくり返るってどういうことでしょう……。

たとえば、買ったマンションの地域の地盤が、地震でおかしくなってしまったとかだね。他にも建築上の問題とか近隣の人がヤバイとか、何かトラブルが起きたときは、買ったときに5000万円の価値があったのに、3000万円以下に価値が落ちてしまうようなことがある。トラブルがなかったとしても、不動産価格全体の下落もあり得る。

僕は価値が下がったって、売らないでそこに住み続けます。

建物がまずくても、隣人がヤバくても？

はい。びくびくしながら住み続けます！

図21　インデックスファンドと不動産の比較

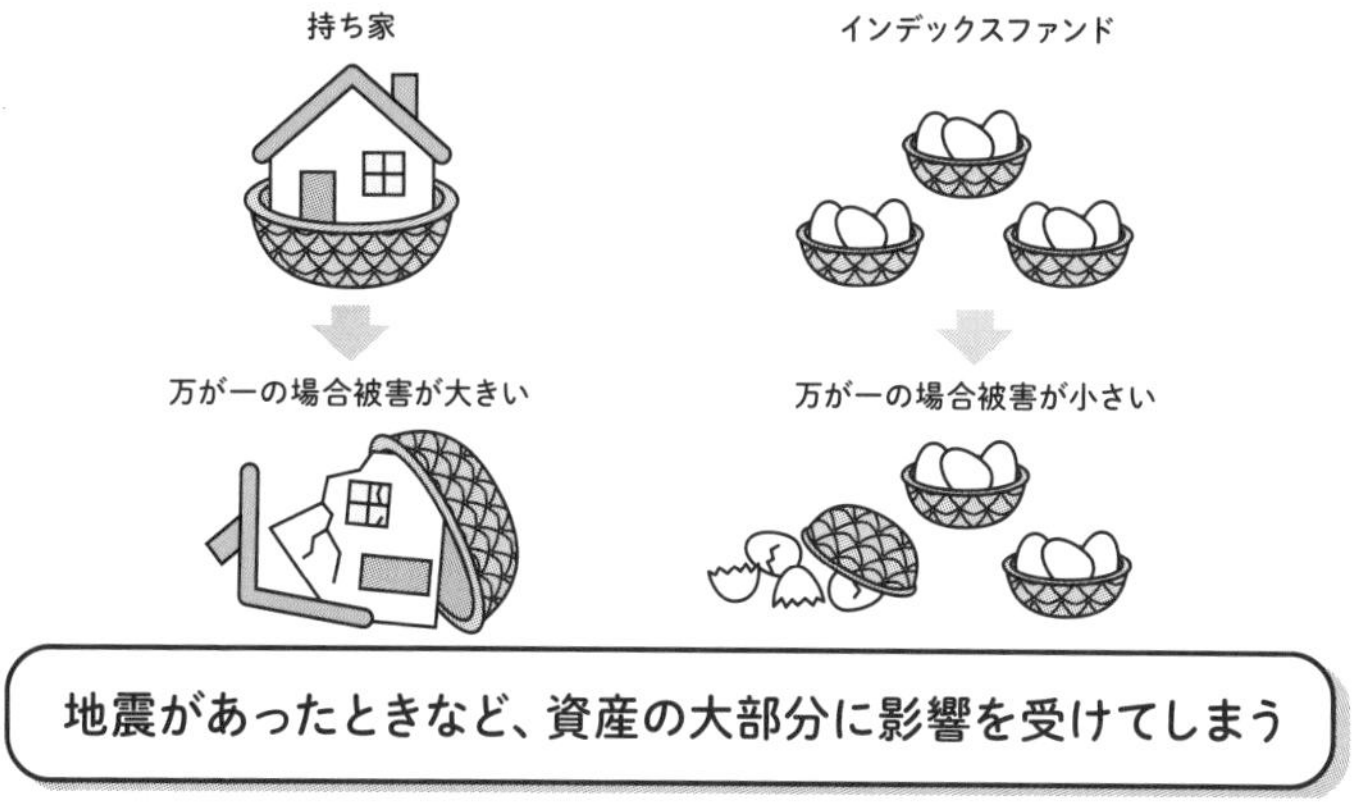
持ち家
インデックスファンド
万が一の場合被害が大きい
万が一の場合被害が小さい
地震があったときなど、資産の大部分に影響を受けてしまう

……。じゃあ次のデメリットにいこうか。2つ目は**流動性がない**ことだね。

流動性とは何でしょう……。

簡単に言うと換金が自由であることだね。たとえば、君の子供が医学部に入ることになって、入学金で2000万円が必要になったとするよね。そんなとき、5000万円分のインデックスファンドを持っていたら、2000万円分だけを売って、子供の学費にあてることができる。でも、資産が持ち家だと、部分的に売るのは難しいし、全部売るとしても買い手を見つけるのに時間がかか

図 22　持ち家は流動性が低い

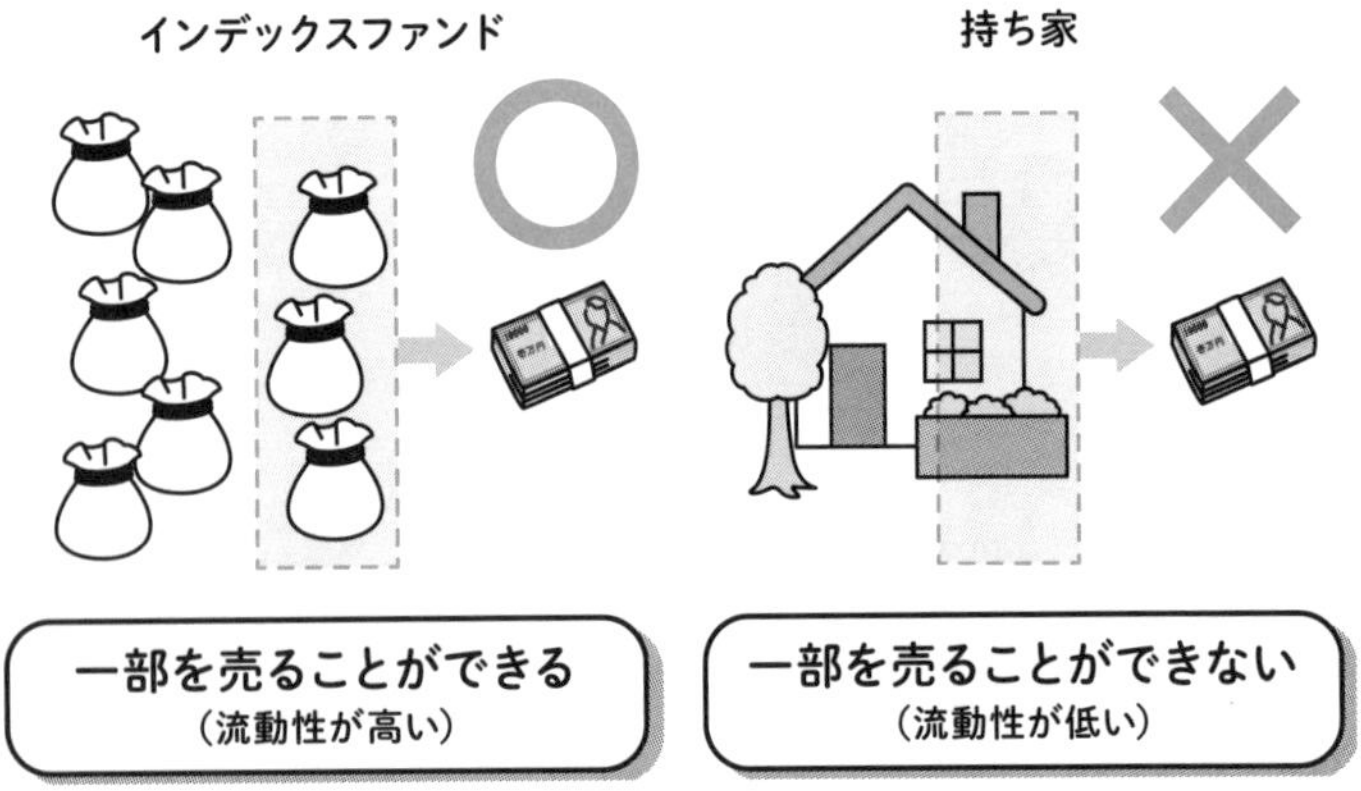
インデックスファンド
持ち家
一部を売ることができる
（流動性が高い）
一部を売ることができない
（流動性が低い）

る（図22）。

子供が医学部どころか、結婚すらしてませんが……。

仮の話ね……。それに**家は、売る時に3%、買うときに3%の手数料がかかる**（図23）。往復6%はでかいね。家のメンテナンス費用もけっこうかかる。だけど、オルカンは購入にも解約にも手数料はかからない。年間で約0・06%だけだからね。

そういうことを含めて、家の購入は簡単に現金にできないから、自由度を制約するってことにつながる。

それを流動性がないって言うんです

図23　持ち家には手数料がかかる

家は買うときも売るときも3%がかかる

か……。

そう。よく、「将来が不安だから、家を買う」って言う人がいるけど、**自由度を制約してしまうのが、はたして本当に安心できることなのか、考えた方がいいと思うよ。**

特に、私のように自由であることを大切にしている人間は、向いてないよね。私は離婚を経験したし、12回転職したから。

それは極端な気がしますが……。

離婚するときに、家を売るのは大変だって、よく聞くよ。

……。

まとめ

- 資産価値と支払う金額を正しく比較して、家の購入を検討しなければいけない。（「家賃を払わずに済む」という理由だけで家を買ってはいけない）
- 家を買うと資産が1つに集中してしまい、さらに流動性がなくなることに注意が必要。（特にこれから人生が動く人は）

でも不動産は値上がりしてますよ？

先生、反論があります。

なんだろう。

買ったマンションが、値上がりしたっていう人の話をよく聞きますよ。家賃を払わなくて済むし、しかも、資産価値が上がってるんだったらいいんじゃないでしょうか？

たしかに、過去１００年くらいのデータを見ると、世界的に見ても不動産の収益性は悪くない。でもね、今の日本では、特に地方だと、誰も住んでなくて、「タダでいいから住んでくれ」って言っているところもある。**価値が大きく上がっているのは全体でみると、都心の一部だけだよ。**

しかも今後も人口は減る一方だし、これからも資産価値が上がっていくかは少々怪しい。

そうだとしても、いまは住宅ローンが1%くらいの金利で借りられるじゃないですか。金利は安いし、住宅ローン控除も受けられるから、金利を払うどころか、ローンを組んでいることによって、確定申告でお金がもらえる場合もあるらしいですよ。

それは、なかなかいい目のつけ所だね。

住宅ローン控除制度

住宅ローンを借りて住宅の新築などをした場合、年末のローン残高の0.7%を税金から最大13年間控除される制度

だけど、今の**超低金利がずっと続くかはあやしい**よね。将来金利が上がると、不動産価格は下がりやすいよ（図24）。

図 24　金利が上がると不動産の価値は下がる

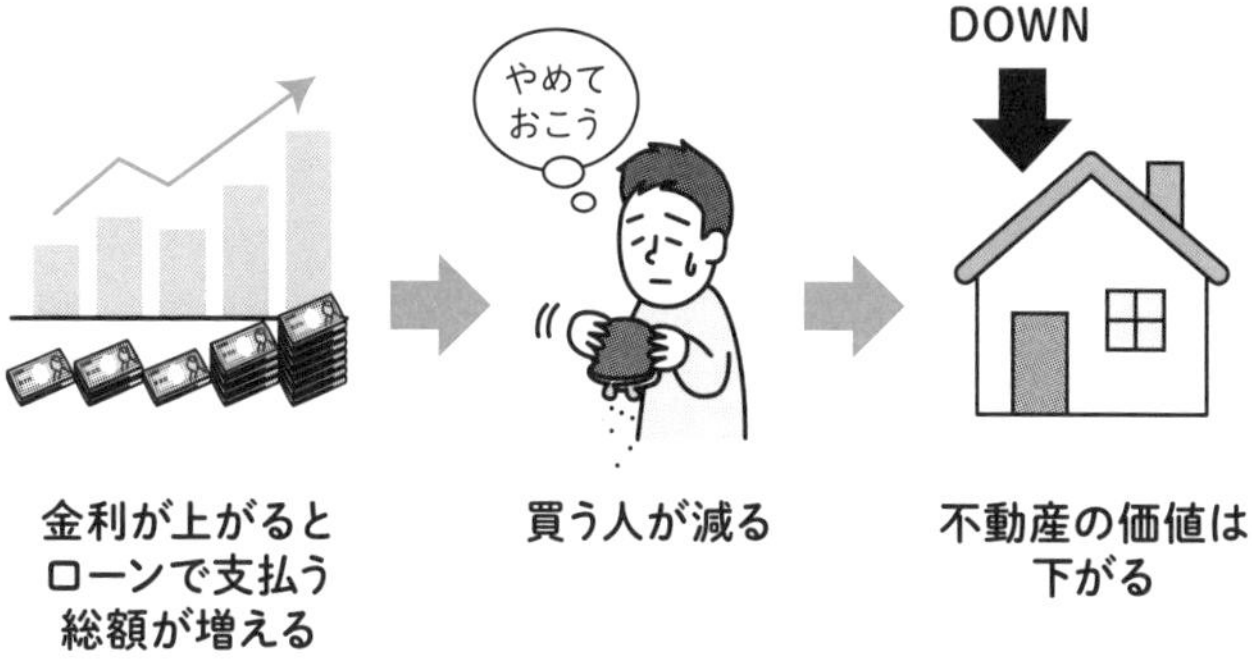
DOWN
やめておこう
金利が上がると
ローンで支払う
総額が増える
買う人が減る
不動産の価値は
下がる

……。

あとは、新築のマンションについて言うと、売り出すときにたくさん広告を打ってるじゃない。その費用は当然、買う人から回収するから、その分値段が高くなる。モデルルームの建設費用なんかも乗ってきて、**新築の価格の約3割は売る側の経費と利益だと言われている。**

だから、5000万で買ったら、その瞬間に3500万になると思っていい。なんでもそうだけど、売り手が熱心に売ろうとするものを買うと、ろくなことがないね。あはは……。

あのう……。さきほどから思っていたのですが……、自分でずっと住むのに、資産価値なんて考える必要があるんでしょうか？

ものを買うときに資産価値を考えないのはダメだよ。特に家のような高い買物の場合はね。**家を買ってそこに住むというのは、自分のお金を不動産に投資して、自分に貸してるのと一緒。**だから、賃貸に住んでインデックスファンドでお金を増やすのと、不動産を買って家賃分を得するので、どっちが得かといったことも考えないといけない。

まとめ

- 都心の不動産価格は上がっているが、これからも上がるかどうかはわからない。
- インデックスファンドは時間とともに資産が増えていく可能性が高いが、家は時間とともに価値が下がっていくことがある。

どうしても家を買いたい人は不動産屋になれ!?

せ、先生……。

なんだい。

僕は家が欲しいんです！　マイホームですよ！　男の夢ですよ。僕の子供が医学部に行くことはないです！　先生みたいに12回転職することもないです！　離婚することもないです！　得する買い方とか、家を買うメリットはないんですか!?

……。まあ……。あることにはあるけど……。

教えてください！　それを！

持ち家の場合、自分の持ち物を自分に貸すのだから、家賃に含まれる大家さんの利益を払わなくていい。だから、引越ししないで定住して、同じレベルの物件に住むのなら、持ち家の方が安上がりになることが十分あるね。
この場合も高すぎる価格で買わない事が絶対の条件になる。**不動産屋になったつもりで安くて良い家を全力で探す**ことだね。いい物件は他の人にとってもいい物件だから、すぐに売れてしまう。**いい物件が出た瞬間、不動産業界の人たちに買われて市場に出回らない**、なんて話もあるからね。

わかりました。不動産屋になったつもりで探します。

あと、家を買うメリットとしては、銀行がお金を貸してくれることだね。もちろん職業や勤務先なんかにもよるけど、**若い人でも何千万円も貸してくれて、いきなり5千万円の資産を持つことができる。**
一方で、「インデックスファンドに投資するから金を貸してくれ」と言っても銀行はお金を貸してくれない。だから、お金を増やそうと思ったら、最初は給料から1万円とか2万円をねん出して、インデックスファンドに投資する資金を作らなければいけない。

若者にお金を貸すなんて、銀行もいいところあるじゃないですか！　これは家の購入に軍配があがるんじゃないですか？

そうでもないよ。つい過大な借金を背負ってしまいがちだから注意しないと。それにね、君、銀行の奴隷になるよ。

え、奴隷ですか……。

そう。家を買うために銀行でローンを組むと、「団信」という生命保険に入らされるからね。銀行からしたら何千万円も金を貸したのに、死なれたら困るでしょう。銀行も商売だしね。
生命保険に入らないとローンが組めないというのは、「死んでても金返せ」ってことだもん。これってなんだか奴隷に近いよね。

……。

さらに銀行の奴隷になるだけじゃなくて、奥さんの恐怖に苛《さいな》まれるかもしれない。

何ですか、奥さんの恐怖って……。

結婚相手の立場になって考えてみなよ。仮に君が結婚してローンを組んでマイホームを手に入れたとする。その状態って奥さんからしたら「旦那がいなくなったら」って考えやすいんだよね。だって、もし君が死んだら、生命保険がおりて、家は自分のものになるし、自由だし。

やめてくださいよ。そんな怖い話……。

あと、持ち家にくっついている住宅ローンは、無駄遣いを減らす**強制節約装置**として機能する。人によってはメリットだろうね。

強制節約装置……。

そう。物欲が強くて、お金を貯められない人にはいいかもしれない。私みたいにね。ハハハ。

買いたい気持ちがなくなってきました……。

まとめ

- 同じ家に住み続けられるなら、持ち家が得になる場合もある。
- いい物件は市場に出回らないので、もし買うなら全力で探す。
- 銀行でローンを組むと強制的に生命保険に入らされる。
- 家は簡単には売れないので、無駄遣いが減る。
- 「持ち家」と「賃貸」の比較は結論が出ないけど、山崎先生は普通の人よりも自由人だから賃貸派らしい……。

家を買ったときのメリットとデメリット

家を買うメリット

- 家賃を払わないですむ
- 銀行から大きなお金を借りられる
- 住宅ローン控除制度が受けられる
- 強制的に節約させられる

家を買うデメリット

- 今後も不動産の価値が上がっていくとは考えづらい（オルカンは長期で見れば価値が上がっていく可能性が高い）
- 資産が集中するので、何かあったときに大きな影響を受けてしまう
- 簡単に買ったり売ったりできない

↓人生にこれから動きがある人は、買わないほうが無難かも……

保険にはなるべく近づかない！

家の次に高い買い物といえば、保険ですかね？

良く知っているね。毎月2万円の保険を40年払い続ければ、1000万円近くになるからね。

では、保険に入ったほうがいいかどうか、教えてください。

まず、保険には可能な限り近づかないのが大原則だね。なぜなら、**保険の本質はひとことで言って「損な儲け」**だから。保険は**どうしても必要なものにだけ、仕方なく入ること**。

損な儲けってどういう意味ですか？

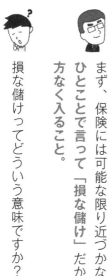

図 25　保険に向いてるもの、そうでないもの

起こる確率が小さく 損失が大きいもの	起こる確率が大きいもの または、損失が小さいもの

家が火事になる

自動車事故で誰かを
死なせてしまう

保険で対応する

がんになる
※がんは2人に1人がなると言われている

窓ガラスを割ってしまう
損失が小さい

貯蓄で対応する

だって保険が加入者にとって得な儲けなら、保険会社は潰れてしまうよ。**損だと分かっていながら、どうしても必要なものだけに入るのが保険の基本**だよ。

どうしても必要なものとはなんでしょう。

自動車保険、火災保険など、確率は低いけど起こってしまったら、大変なものだね。基本的にはそれ以外は入らなくていい（図25）。

保険って、そんなに損なんですか。

保険会社は隠しているけど、相当に損だね。営業の女性が勧誘しに会社に来るじゃない。君が払う保険料の中には、彼女らの人件費も含まれてる。有名女優のCM出演料も乗ってる。立派な自社ビルも、君が払う保険料から出ることになる。保険の種類によって違うけど、支払う保険料の3割から5割くらいは、保障にも貯蓄にも使われない商品が多い（図26）。

そんなに持っていかれるんですか……。

図 26　払った保険料は何に使われているか

保険会社に支払う保険料のうち、約半分は人件費や営業費に使われている可能性がある

そうだね。しかも複雑な商品でありながら、この実質的な手数料が開示されていない！　これは消費者保護の観点で大問題なの！

（なんか急に熱くなってきたぞ……）

やっぱり保険会社の懐に入る実質的な手数料が不透明である以上、入るべきではない！　これに反論がある保険会社は保険料をどうやって計算しているか、消費者が中身を比較できるように具体的な商品のデータを見せてほしい！

……。

コホン……。話を戻そうか。

でも、先生。僕は30歳を過ぎて、体のあちこちが痛くなってきたんで、医療保険は入っておく方が安心だと思います。病気になるといろいろお金がかかるじゃないですか。

莫然と不安だからって保険に入るのは本当に良くないよ。損得をきちんと考えないと。特に民間生保の医療保険は明らかに必要ない。なぜなら、**すでに健康保険というしっかりした保険に入っているから。**

みなが入っている保険（国の保険）

会社員・公務員が入る保険……健康保険

個人事業主の方などが入る保険……国民健康保険

毎月の給料から引かれてて、病院にいくと3割の負担ですむやつですよね。

図 27　高額療養費制度とは

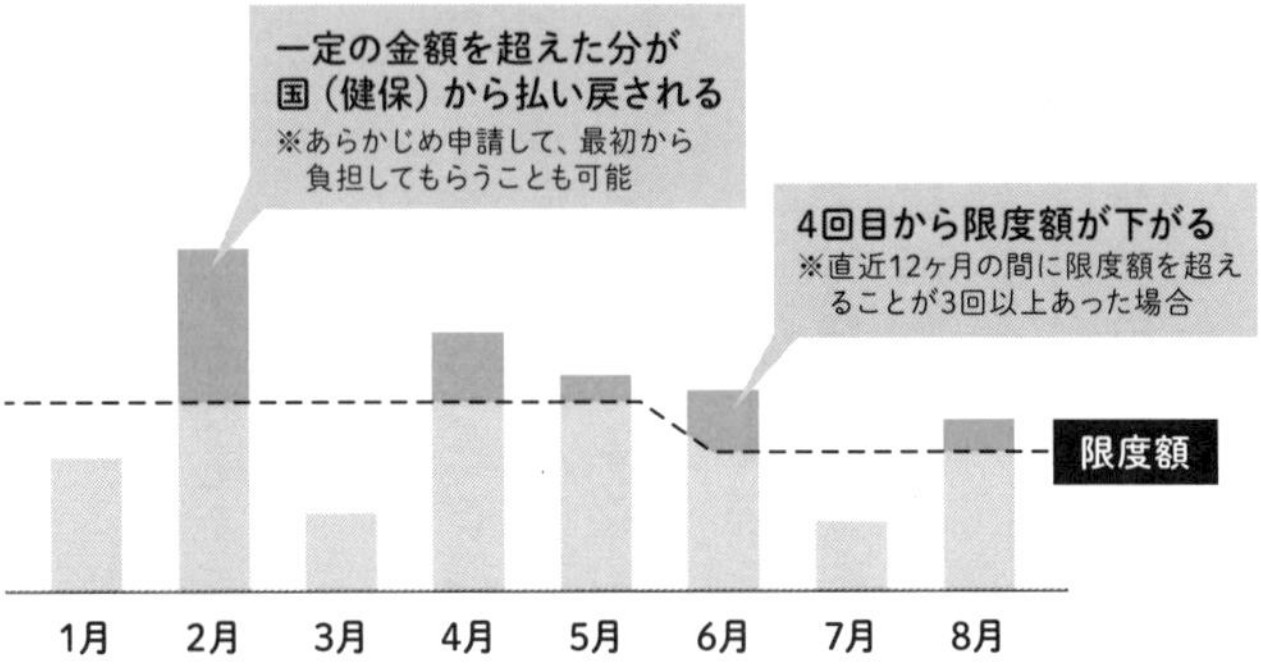
一定の金額を超えた分が
国（健保）から払い戻される
※あらかじめ申請して、最初から
負担してもらうことも可能
4回目から限度額が下がる
※直近12ヶ月の間に限度額を超えることが3回以上あった場合
限度額
1月
2月
3月
4月
5月
6月
7月
8月

ひと月にかかった医療費が高額になった場合
一定の金額（自己負担限度額）を超えた分が、
あとで払い戻される

自分で払う医療費の例			
年収300万	ひと月あたり	約　6万円	まで
年収500万	ひと月あたり	約　9万円	まで
年収800万	ひと月あたり	約 17万円	まで

※勤務先の健康保険によっては「2.5万円まで」など
　別途上限額が設けられていることがある。
※ただし保険の利かない先進医療や、入院時の差額ベッド代などは
　高額療養費制度の対象外。

大きな怪我や病気をしても、
保険が適用される範囲の医療であれば
一定額以上、払う必要はない

実は、健康保険には「**高額療養費制度**」というものがあってね、例えば、君が大きな手術をして何日も入院して100万円くらいの医療を受けたとする。そのときに健康保険にさえ入っていれば、数万円以上払う必要なくて、残りは健康保険組合が出してくれるの（図27）。

え、そうなんですか⁉

意外と知られてないけど、保険の適用範囲であれば、病院で一定額以上払う必要がないんだよ。例えば年収500万円の人だったら、**100万円の手術しても、それが健康保険が適用する医療なら、だいたい月8万〜9万円くらいまでしか払わなくていい**。
だから、保険に入ったと思って、貯金したほうがはるかに合理的なの。いざというときは、そこから使えば十分足りるでしょう。無駄に保険料を払う必要はないよ。だって、確率を考えると損なんだから。

※勤務先の健康保険組合によっては、さらに医療費を補助してくれる場合があります。僕は以前、NTTグループに務めていたのですが、ひと月に2万5千円以上の医療費は組合が負担してくれました。

まとめ

- 保険に加入して支払う保険料には保険会社の利益がたくさん乗っているので必要なもの以外入らないのが基本。
- 健康保険加入者は「高額療養費制度」を受けられるので、保険適用の医療であれば毎月払う金額の上限が決まっている。

保険会社で運用するなら自分で運用すればいい

……じゃあ先生。僕の知り合いで、いままで払った保険料が、満期になったら全額戻ってくるタイプの保険に入ってるやつがいます。それだったら元本保証で、お金を損することはないし、さらに保険もつくから、なかなかいいんじゃないですか。

貯蓄型保険というやつだね。

貯蓄型保険とは

万が一に備えながら貯蓄もできる保険

はい。そうです。

図28　貯蓄型保険はアリ？

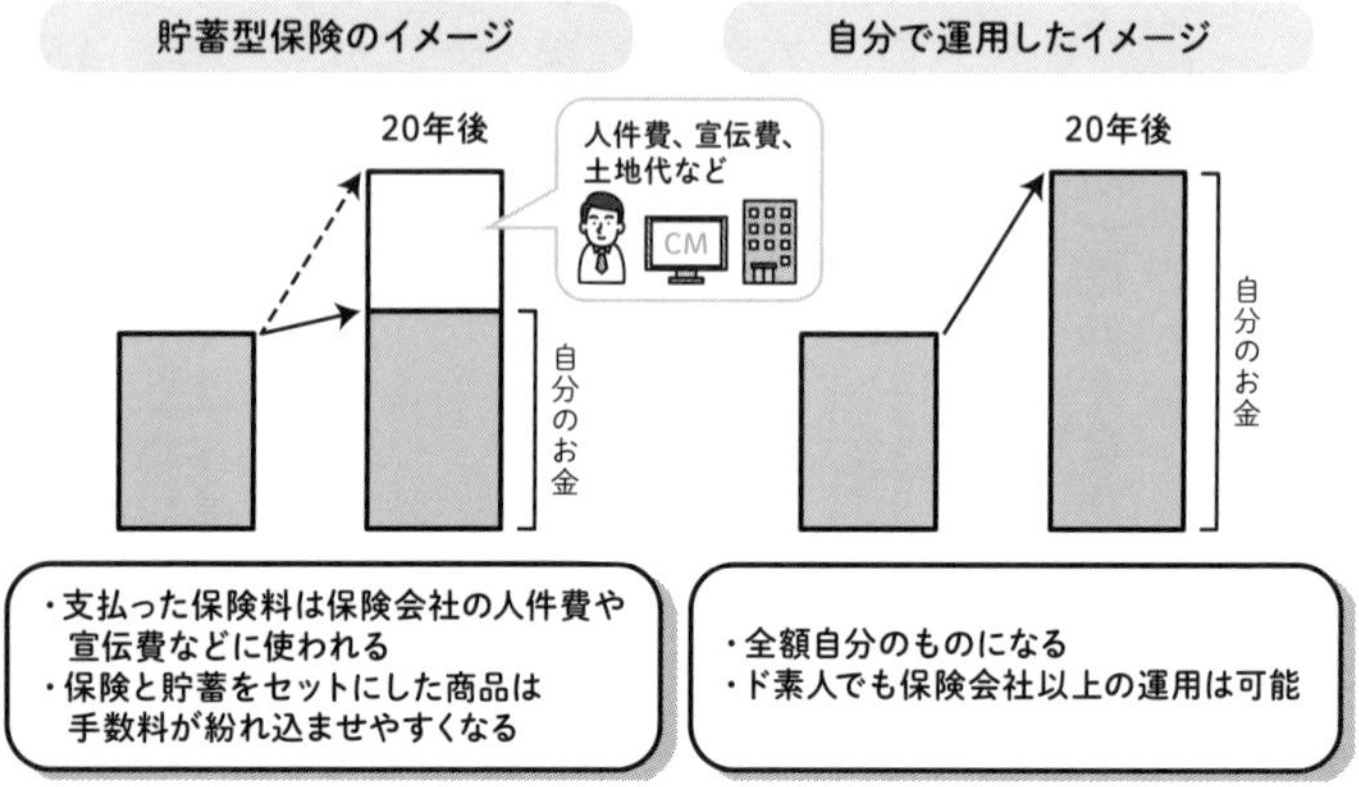
貯蓄型保険のイメージ
20年後
人件費、宣伝費、
土地代など
CM
自分のお金
・支払った保険料は保険会社の人件費や
宣伝費などに使われる
・保険と貯蓄をセットにした商品は
手数料が紛れ込ませやすくなる
自分で運用したイメージ
20年後
自分のお金
・全額自分のものになる
・ド素人でも保険会社以上の運用は可能

保険会社の運用には全く期待できないよ。保険会社の運用部門にいたからわかるんだけど、インデックスファンドのところで話したように、長期で見たら、ほとんどの場合、プロよりインデックスファンドのほうが成績が良い。それは保険会社の中の人だって一緒。だったら、保険会社に運用してもらうより、自分で貯蓄して運用すればいい（図28）。

そもそも**商品に「保険」と「貯蓄・運用」という二つの機能を持たせるのはよくない。商品の比較が難しくなるし、手数料を紛れ込ませやすくなるからね。**中身を複雑にして実質的な手数料が高いものを売りつけてくるのは金融マンの得意技だと思ったほうがいい。保険は掛け捨てが原則。あとからお金が戻って来るタイプはダメだね。

そうなんですか……。

それに、銀行の預金だったら1000万円までの円預金の元本と利息は戻ってくるけど、もし保険会社が倒産してしまうと、自分のお金が全額は戻ってこない場合がある。だから**保険は銀行よりも危ないお金の保管場所**と言える。

君が60歳のときに、どこの保険会社が潰れているかなんて本当にわからない。特に外国の保険会社なんて、どの程度信用していいのか判断が難しい。

安全なお金の置き場所

国 ＞ 銀行 ＞ 保険

まとめ

- 貯蓄型保険は加入者が損な商品（同じリスクでもっと条件のいい商品が他にある）。
- 保険会社で運用してもらうよりも自分で運用するほうがマシ。
- 保険は銀行よりも安全なお金の置き場所ではない。

生命保険はネットの掛け捨て型で充分！

じゃあ、先生。生命保険はどうなんでしょう？

それも同じで、どうしても必要な人以外は入らないほうがいい。

生命保険がどうしても必要な人とはどんな人でしょう？

たとえば、奥さんが専業主婦で、旦那さんが死んだら妻子が路頭に迷う。そんなケースだけだね。助けてくれる親や親せきがいるような場合とか、ある程度の貯蓄がある場合には要らないね。

家族の中の稼ぎ頭が亡くなった場合ですね。そんな人はどんな保険がいいんでしょうか。

旦那さんが亡くなっても、しばらくしたら奥さんが働くでしょう。生活再建までの間に必要なつなぎの資金で十分だね。

子供を育てていくのに必要最低限でいいんですか？　もしものとき手厚い保険に入っておいたほうがいいんじゃないでしょうか……。

遺族年金という制度があって、亡くなった人が国民年金か厚生年金に加入していれば、残された家族はお金がもらえる。これも計算に入れて考えると、そんなに大きな保障は要らないよ。奥さんが遊んで暮らせるほどの大型契約にする必要はない。

遺族年金制度

国民年金または厚生年金の加入者が死亡した場合、配偶者や子などにお金が支給される制度

支給額の例　**1年に約166万円**

※平均標準報酬月額が35万円、配偶者＋子供2人、厚生年金加入の会社員が亡くなった場合で算出

では、生命保険に入るときは、どんな保険に入るのがいいんでしょう?

ネットの保険会社で、子供が自立するくらいまでの10年~20年、最低限の期間に掛け捨て型で、**『残される家族の人数』×『1000万円』くらいの死亡保障だけの特約のないシンプルな保険に入るといい**。年齢によっては共済が割安な場合があるかもしれない。いずれにせよ、ネットで調べて比較してみて。

掛け捨て型なら保険料が安いし、もし万が一のことが起きても、なんとかやっていけるくらいの貯金ができたら解約すればいい。

生命保険に入る場合のポイント

- **ネットの保険会社を比較して安いところで入る**
- **子供が自立するまでの10年~20年の間、掛け捨て型に入る**
- **死亡保障のみの保険で、特約のないシンプルなものに入る**

家も買わなくていいし、多少の貯蓄があれば、保険も入らなくていい。しかも、覚える金融商品はオルカンと個人向け国債の2つだけだから、お金の問題って、

図 29　人生の不安に対処する方法

全ての不安に対処しようとすると、
それぞれに手数料がかかる

無駄が多い

保険に入ったと思って貯蓄をしておき、
いざという時にそこから使う

無駄が少ない

実はかなりシンプルなんですね。

そのとおりだね。でも、銀行とか保険会社とか儲けたい人たちが商品を複雑にして、あれこれ宣伝して売っている。彼らは、お客にシンプルで正しいものだけを選ばれたら商売にならないから。メディアも広告主に影響されているから気をつけないとね（図29）。

まとめ

- **自分が死ぬと家族が路頭に迷う。そんな人だけが生命保険に入る。**
- **生命保険に入る場合、ネットの生命保険の会社で10年～20年くらいの掛け捨て型、死亡保障のみの、特約のないシンプルなものに入る。**
- **保険料を抑えた分は貯蓄に回して、万が一のときのために備えておく。**

外貨預金は銀行のカモになる……

先生、もう一つ聞きたいことがあります。

なんだろう。

外貨預金ってどうなんでしょう？　株式ほどじゃないですけど、安定して増やせるイメージがありますけど。

> **外貨預金とは**
>
> **日本円を「外国の通貨」に替えて預金すること。金利の高い国の通貨に替えることによって、日本の銀行に預けておくより得することがある**

外貨預金は絶対やらないほうがいいね。預金っていう名前がつくから、君のよう

に安全だと思ってはじめる人がいるんだけど、あれ完全に銀行のカモだから。

カモですか……。

うん。カモ。

どうして外貨預金は銀行のカモなんでしょう。

まず、銀行の手数料が恐ろしく高い。仮に米ドル1ドルが130円だとする。手数料は普通の銀行だと1ドルにつき1円だから、1万ドル買ったら余計に1万円かかる。つまり130万円分のドルを買うのに131万円かかるということ。日本円に戻すときも1ドルにつき1円のコストがかかる。これは確実に損だし高い。銀行の利息と比べるとわかるでしょう。

でも、外貨は金利がいいじゃないですか。アメリカドルなんて、いまだと4%くらいでしたよ。個人向け国債の10倍以上じゃないですか。だったら、日本円をやめて、ドルで持っておくっていうのは手なんじゃないですか。

確かに金利がいいけど、やっぱりやめたほうがいい。

どうしてですか。

難しいから、説明してもわからないかもよ。

そんなこと言わないでください！　ちゃんと説明してくれれば僕だってわかるかもしれません。

じゃあ説明すると、為替っていうのは、プロ同士が「ドルは金利が高いけど、ドル安になりそうだから、ドルを買うのはやめておこう」とか「円は金利が低いけど、これから円高になるから円を買おう」と予想して通貨を買ったり売ったりしている。それで金利と共に落ち着くところに落ち着いたのが、1ドル＝〇〇円っていう為替レートなの。

はい……。

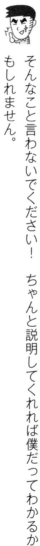

図30　外貨預金はおトク?

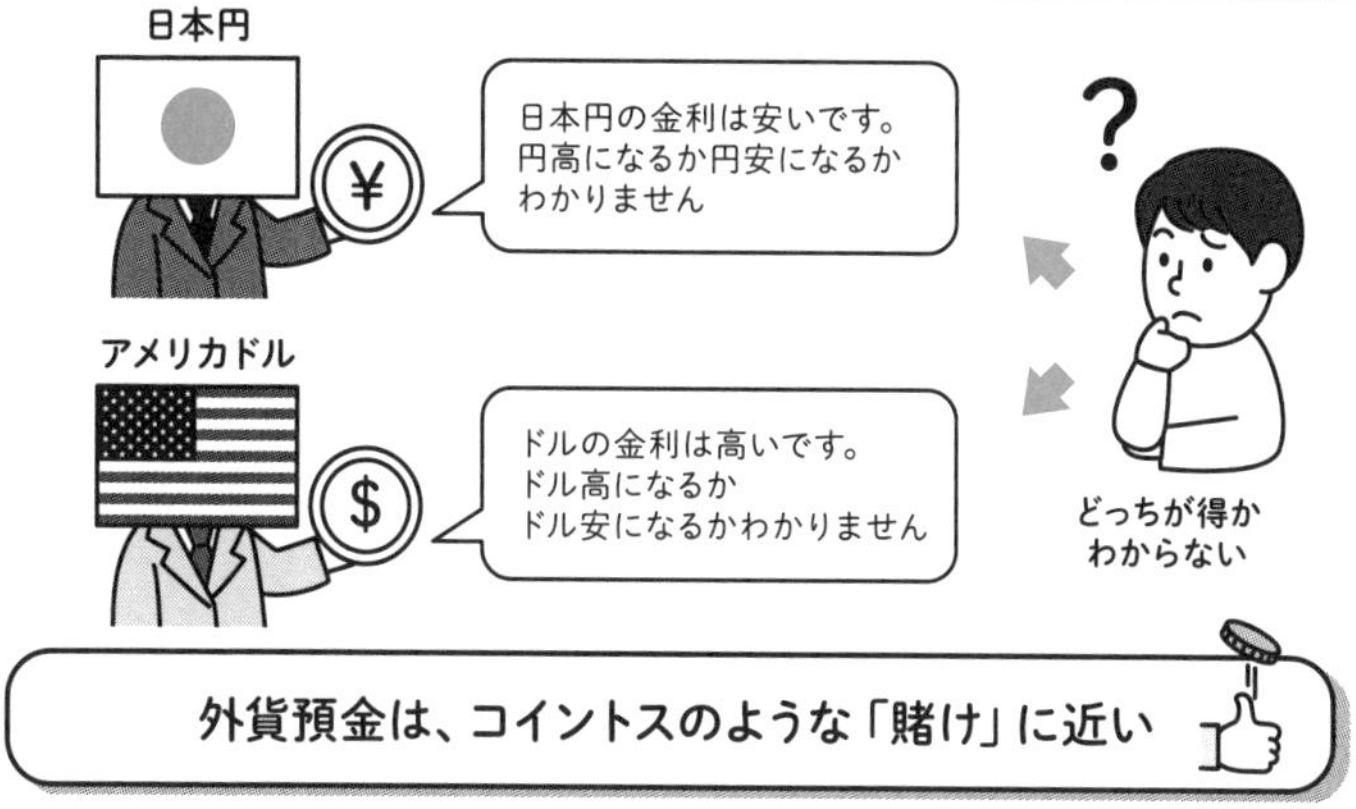
日本円
日本円の金利は安いです。円高になるか円安になるかわかりません
アメリカドル
ドルの金利は高いです。ドル高になるかドル安になるかわかりません
?
どっちが得かわからない
外貨預金は、コイントスのような「賭け」に近い

つまり、「これから為替が上がるか、下がるか」と、「金利が高い、安い」をセットで考えて、取引価格が決まっているから、買う前にどっちの通貨が得するかは言えない（図30）。だから、手数料を別としても、**外貨預金をやるのはコイントスで「表」か「裏」にお金を賭けるのとほぼ一緒**。

はい……。

だってそうでしょう。金利が高いほうがいいなら、みんなドルを買う。でも、売る人がいるのは、ドルがこれから下がるかもしれないと考えるから。そうじゃなきゃ、わざわざド

ルから金利の低い円に替える人がいるのはおかしい。わかった？

わかりません……。

まあ、この辺の感覚は難しくて、ファイナンシャルプランナーやファンドマネージャーの人でも間違える。だから、君はとにかく**外貨預金はやらないと覚えておくといい**。「預金」っていうと安心なイメージがあるし、外貨の金利は高くて得に見えるから、銀行が老人に売るときとかに使いやすい商品なんだよ。

※実質的には外貨預金と同じ「ＦＸ（外国為替証拠金取引）」もギャンブルに近いので、やらないほうがよいことになります。

※外貨預金と同じく、外貨の金利を得られつつ、円安になると儲かる「外貨建てＭＭＦ」という商品（投資信託）があります。「外貨建てＭＭＦ」は手数料が安いので、外貨預金よりは優れた商品ですが、今後、円安になるかどうかは、わからない（ギャンブルに近い）のでオススメではありません。

じゃあ、金（ゴールド）はどうなんですか。

金（ゴールド）も一緒。外貨預金と同じように、金の値段が上がると考えてを買いたい人と、下がると考えて売りたい人の間で取引価格が決まる。金（ゴールド）自体が働いて価値を生み出していくわけではない。

図 31　株と金(ゴールド)比較

「株」の特徴

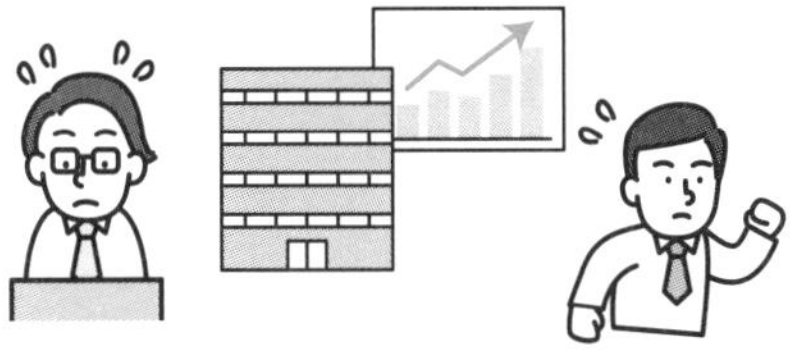

従業員ががんばり会社が利益を
上げたら株主の儲けにつながる

・自分のお金を経済活動に参加させられる
・リスクを負担すると追加の収益（リスクプレミアム）が
　期待できる

金（ゴールド）の特徴

欲しい人と売りたい人で
値段が決まる

・金（ゴールド）自体が働いて価値を作ってくれるものではない
・戦争などで、情勢が不安定になったときに
　価格が上がることがある
・盗まれるのが心配…

もちろん買ったあとに金（ゴールド）の価格が上がることもあるけど、それはコイントスのギャンブルに勝ったようなもの（図31）。

2章で説明してもらった、株式投資とギャンブルの違いに近いですね……。

※P98参照

そうだね。この考え方がわかると、仮想通貨（暗号資産）もやる必要がないことがわかる。**仮想通貨自体が価値を生み出すわけではなく、欲しい人と売りたい人で値段が決まるギャンブルに近い**からね。そんなギャンブルなんてしないで広く分散されて低コストのインデックスファンドを、長期にわたって持っておく。それが一番まともなやり方だということをわかってくれるとうれしいね。

まとめ

- 外貨預金は手数料が高いから常にダメな商品。
- 金利が高くても低くても、どの通貨が有利とは一概には言えない（この仕組みを理解するのは難しい）。
- 外貨預金は金融知識のない人（主に老人）から銀行が手数料を稼ぐために使われているらしい……。
- 仮想通貨や金（ゴールド）も同じ理由で、あえてやる必要はない。

COLUMN

山崎先生ががんになりました……。

――保険の話を聞いてから数か月後、山崎先生からメールが届きました。内容はステージⅢの食道がんにかかったというものでした……。

いやあ、連絡いただいたときはびっくりしましたよ。お体は大丈夫でしょうか。

治療のおかげで、いまは回復してだいぶ元気になった。

すみません。お金のことをテーマにした本なので、お伺いさせていただきますが、治療にはいくらくらいかかったんですか?

食道がんが見つかって、大学病院で抗がん剤治療と手術をしたんだけど、手術を

含む3回の入院と、がんが見つかるまでの診察代や、薬代なども含めると、合計で約235万円くらいだったね。

結構しましたね……。

でもね、大部分は差額ベッド代だった。一泊約4万円の大学病院の個室に入院して、トータルで40泊したから、だいたい235万円のうち160万円はベッド代だね。

え……。ベッド代で160万ですか……。

オンラインの打ち合わせや、原稿執筆もできるから、個室にしたんだけど、シャワーもついてたし、消灯時間が自由で、私には向いていたよ。ハハハ。

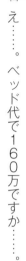

少し休んでくださいよ……。

結局、235万のうち75万が医療費。とはいえ、私は楽天証券の社員でもあったから、東京証券業健康保険組合に加入していて、高額療養費制度が使えたから、1回あたり2万円以上は組合が払ってくれた。おそらく、個室に入院するなんていう贅沢をしなければ14万円だけですんだ。

大学病院に入院して、手術と抗がん剤治療を受けて、14万円と聞くと安く感じますね。

あらためて**健康保険のサービスは手厚い**と思ったよ。これは私の入っている健康保険組合の額だから、自分の入っている健康保険が、どの程度、お金をくれるかは確認したほうがいいね（図32）。

じゃあ、先生。意地悪な質問していいですか。もし過去に戻ったとしたら、がん保険に入りますか？

入らないね。

即答ですね……。それはどうしてでしょう？

図32　健康保険組合の確認方法

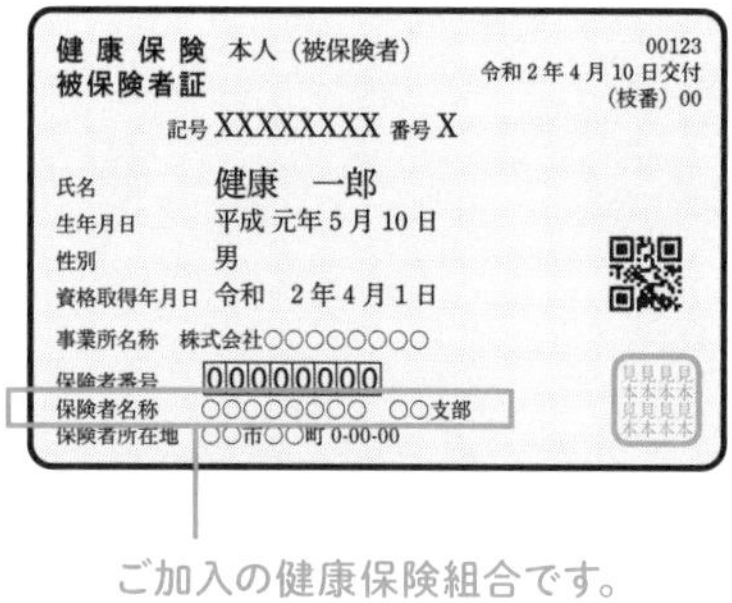

がん保険に入るかどうか決めるのは、自分が将来がんになるかどうかわからない「事前の」時点で行うものだよね。ということは、損得勘定では保険会社に手数料を払う分、絶対に損だし、実際、がんにかかっても自分の手元のお金で十分対処できたしね。

でも、2人に1人はがんになるっていうじゃないですか。そう考えるとがん保険は入っといたほうがいいんじゃないですか。

2人に1人ががんになるからこそ、入ってはいけない。

え⁉

保険っていうのは、めったに起こらないけど、もし起きたら莫大なお金がかかるものに対して効果がある。**半分の確率でがんになるんだったら、保険で対応しようとしないで、貯金しておけばいい。**そもそも、がんだって有効な治療のほとんどは保険医療ですむから、高額療養費制度で一定額以上払う必要はないの。

……でもですよ。がんって食事に気を付けて、定期的に検査に行ったとしても、なるときはなってしまうじゃないですか……。だから、がん保険に入って少し安心したいという気持ちはわかるんですよね……。

がんにかかることへの不安に対して、保険に入るのは賢くないよ。**がん保険に入ってもガンになる確率は小さくならない**からね。そして、気休めのためにしては、払う保険料が高すぎる。だから、もし私が人生を何度も繰り返したとしても、がん保険には一度も入らないだろうね。

（先生は相変わらずだな……）

CHAPTER 4

NISAで実際にお金を増やしてみる 編

おトクな買い方はないの？ ＮＩＳＡがあります

持ち家と保険、買うべきでない金融商品の話がわかったら、ここまでのおさらいをしようか。

お金を増やしたかったら、インデックスファンドの「eMAXIS Slim全世界株式（オール・カントリー）」略して「オルカン」を買えばいいっていう話をしたね。

はい。オルカンは世界中に分散されていて、手数料も安く、年間でプラス５％くらい期待できるって話でしたね。

そうだね。オルカンは個人向け国債と同じく、楽天証券かＳＢＩ証券などの、ネット証券で買えばいい。

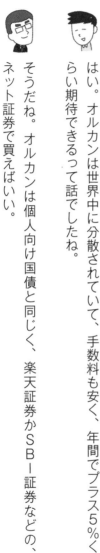

これまでのおさらい

何を買えばいいか

eMAXIS Slim 全世界株式（オール・カントリー）

（安全に持っておきたいお金は「個人向け国債10年変動型」）

どこで買えばいいか

楽天証券やSBI証券などのネット証券

ここまでは「何を」「どこで」買えばいいか説明したから、これからは「どのように」「どのくらい」「いつ」買うか、順に説明していく。

お願いします。

まずは「どのように」からいこうか。個人向け国債は普通に証券会社で買ってもらって大丈夫なんだけど、オルカンを買うときは、おトクな制度があるから、それを利用することが大切。

おトクな制度とはなんでしょう。

「NISA《ニーサ》」と「iDeCo《イデコ》」だね。iDeCoはいったんおいといて、ここではNISAの説明をしようか。

※iDeCoについては5章で説明します

たしか、NISAって2024年から拡充されるんですよね。ニュースで見ましたよ。これは政府の陰謀か何かで、お金持ちの資本家たちを優遇して、庶民をイジめる商品ですよね？　先生、今回もバッサリ斬っちゃってください。

ううん。違う。君みたいなド素人もうまく活用したほうがいい制度だよ。

……。

まずはNISAは商品名でなく制度で、わかりやすく言うなら器（うつわ）だね。オルカンを買って、NISAという器の中に入れておくと、おトクなの（図33）。

図 33　NISAの器に入れておくとトクをする

インデックスファンドをNISAの口座に入れておくと、
税金の優遇制度がある

NISAとは

投資で得られた利益が、一定金額の範囲内で非課税となる。国民の資産形成をあと押しするためにつくられた。

どうおトクなんでしょう。

まず、定期預金でも投資信託でも、お金の運用で得られた利益には、約20％の税金がかかる。手続きは証券会社が勝手にやってくれるから、気にしなくていいんだけど、**ＮＩＳＡという制度を利用すれば、その税金がかからないの**（図34）。

図34　NISAってどんな制度？

普通の口座で取引した場合

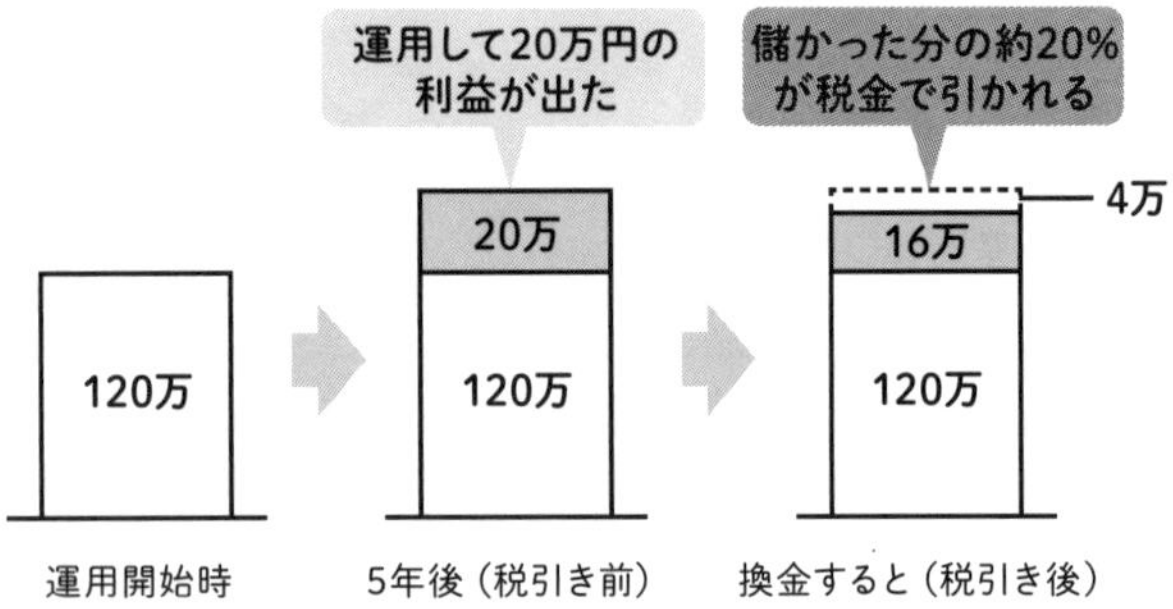

NISAの口座で取引した場合

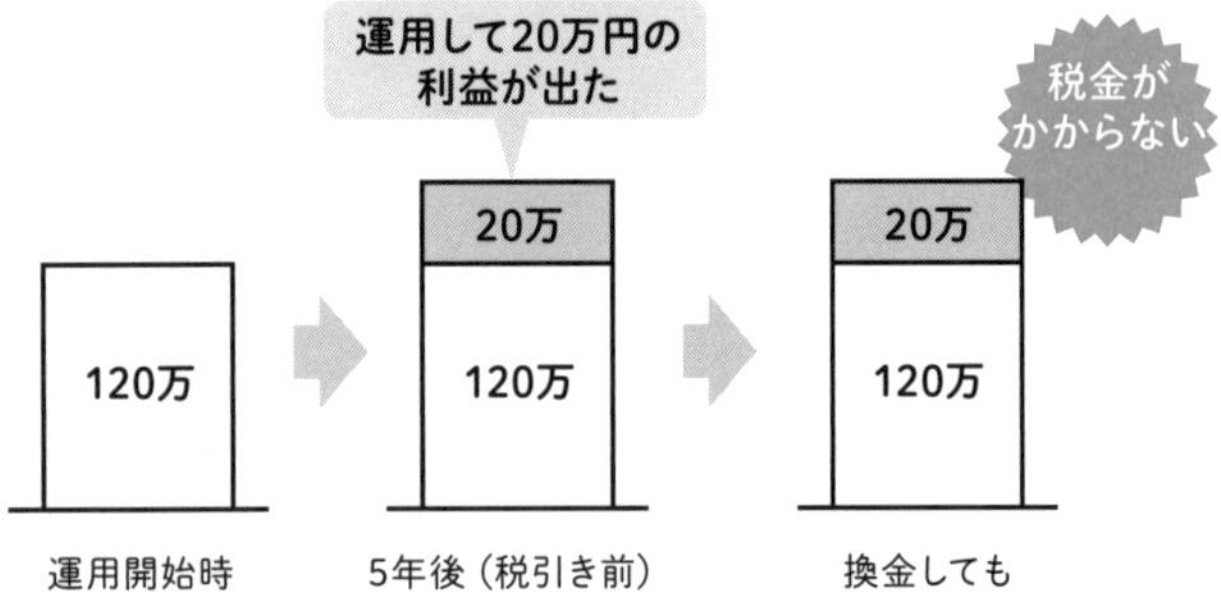

限度はあるんですよね。

2024年から**年間360万円、生涯で最大1800万円まで投資した分が無期限で非課税になった。**かなり大きな枠を与えられたね（図35）。

新NISAとは

2024年からNISAが見直され、投資できる金額や税金がかからない期間などが大きく拡充される。

※本書では2023年までのNISAを「旧NISA」2024年以降のNISAを「新NISA」と呼びます

年間360万円って相当な額ですよね……。

そうだね。証券会社や銀行に払う手数料と同じように、**税金もコストだから、20%の税金が免除されるNISAという制度は、なるべく多く使ったほうがいい。**

図 35　旧 NISA と 新 NISA の比較

	旧NISA		新NISA	
	つみたてNISA	NISA	つみたて投資枠	成長投資枠
買える期間	2023年まで買える（2024年以降も持っていてOK）		2024年から買える	
税金がかからない期間	20年	5年	無期限	
年間いくらまで投資できる？	40万円	120万円	120万円	240万円

旧NISA（つみたてNISA・NISA）：同時に利用できない

新NISA（つみたて投資枠・成長投資枠）：同時に利用できる！

政府って増税ばかりするものだと思ってたんですけど、なぜ、そんなことをしてくれるんでしょうか……。

やっぱり、日本人は預金が多くてなかなか個人の金融資産が増えない。それに、少子高齢化で、もらえる年金も少なくなるかもしれない。だから貯金を少しでも投資に回して、老後に備えてよってことだろうね。

まとめ

- お金の運用で得した分には、通常、約20%の税金がかかる。
- 2024年からNISAという制度を使えば、年間360万円、合計で1800万円までの投資額に対して税金がかからない。

NISAは枠を気にせず オルカンを買えばいい！

ＮＩＳＡで買うのってなんだか難しそうなイメージなのですが……。

マイナンバーカード、もしくは通知カードを用意して、**ネット証券でＮＩＳＡに対応した口座を作ってしまえば、オルカンを買うときにネットの画面で「ＮＩＳＡ」を選択するだけでいい。**……ただ、はまりやすい罠もあるので、一応説明しておく。

※口座の作り方はＰ54をご参照ください。

罠があるんですか……。

新ＮＩＳＡの上限、年間３６０万円の中には「**つみたて投資枠**」の１２０万と

図36　つみたて投資枠と成長投資枠はどう使う？

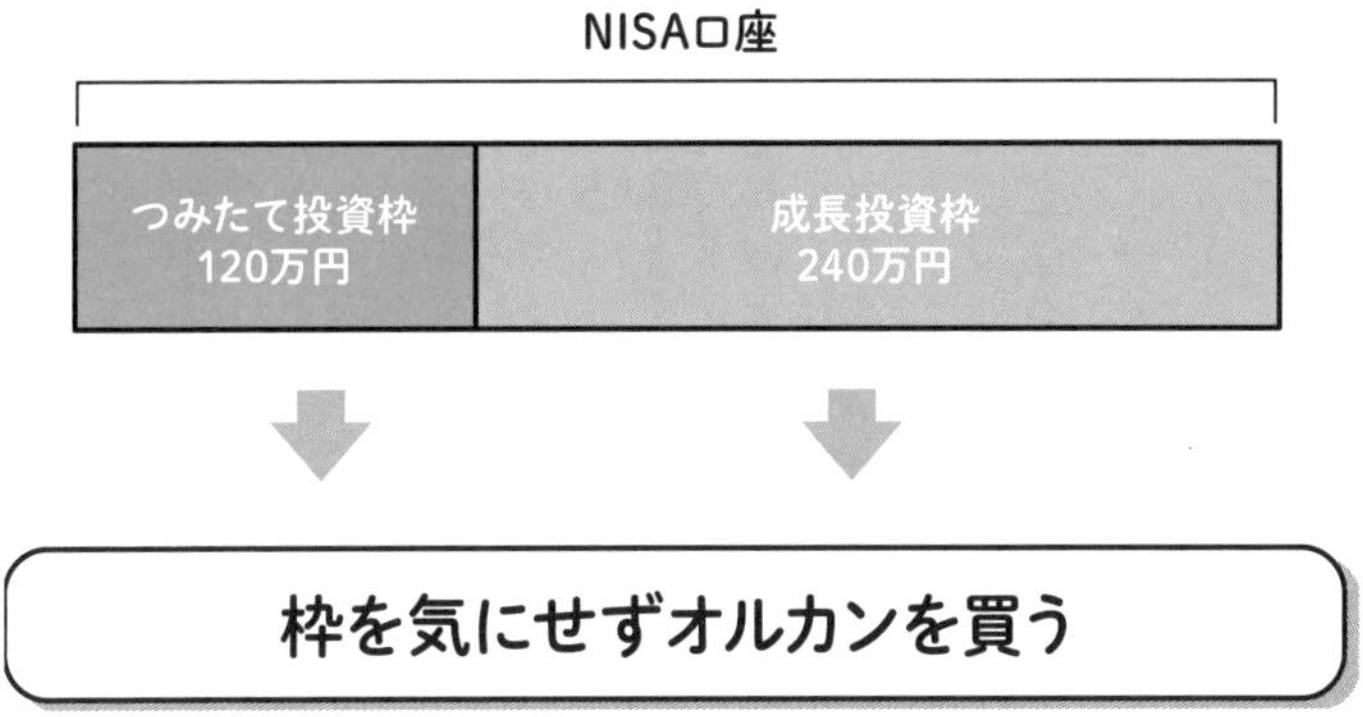

「**成長投資枠**」の240万という2つの枠があるのだけど、枠のことは気にせず、オルカンを買うことだね（図36）。

※どちらの枠でもオルカンを買えます

？？？　それは何なんでしょう？

これも聞き流してもらえばいいんだけど、NISAは老後に備えて資産形成してもらうことを目的にしているから、**「つみたて投資枠」はオルカンも含めて、金融庁が厳選した手数料の安い投資信託しか買えないようになっている。**政府としても、手数料の高いボッタクリ商品に手を出して、資産形成に失敗したら意味が

ないと思ってるんだろうね。
だけど、「成長投資枠」はトヨタとか任天堂などの個別株、アクティブファンドなど、ハイリスクなものや手数料の高いものも買えてしまうの。

新NISAのつみたて投資枠と成長投資枠

つみたて投資枠

- **金融庁が厳選した投資信託（オルカンを含む）など安全性が高いものが買える**

成長投資枠

- **手数料の安い投資信託だけでなく、個別株やアクティブファンドなど安全性が低いものや手数料の高いものも買える**

どうして政府は、成長投資枠なんて作ったのでしょう？ つみたて投資枠だけだったら、みながインデックスファンドで資産形成できるから、政府にとっても好ましいんじゃないでしょうか？

まずは、政府は国民にもっと個別の株式に投資して欲しいと思っている。その受け皿にしたい。というのが理由の一つだね。
それに、インデックスファンドは手数料が安いって話をしたよね。手数料が安いってことは金融業界にとっては儲けが少ない。金融業界としては、もっと儲かる商品も扱わせて欲しいと強く要望したの。

それで、インデックスファンド以外で、成長投資枠に向いた良い商品ってあるんですか？

いや。ないよ。

いかにインデックスファンドの手数料が安くて、証券会社泣かせなのかわかりますね……。

そういうことだね。証券会社は、つみたて投資枠でインデックスファンド、成長投資枠でハイリスク商品を買うことを「コア・サテライト戦略」などと言ってすすめてくるけど、**「買わせるために必死だな～」と思って聞き流す**こと（図37）。

図37　コア・サテライト戦略とは

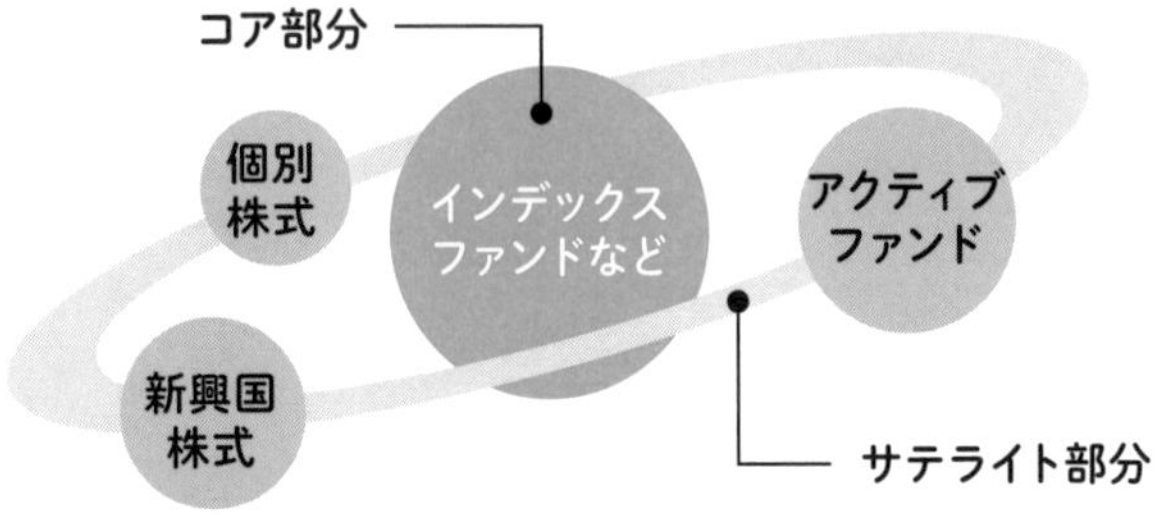

金融業界の戦略なので、つみたて投資枠・成長投資枠のどちらでもオルカンを買うこと

わかりました。そういう話を聞いても聞き流すようにします。

もう一つの注意点としては、**2023年までに旧NISAの「一般NISA」や「つみたてNISA」をすでにやっている人は、あえて売ったりせずにそのままにしておいていい**（図38）。

どういう意味でしょう?

例えば、2023年までに「旧NISA」で、すでに200万円を投資していたとする。2024年に新NISAがはじまっても、新NISAの枠は消費されずに、全く別で

図38　旧NISAで投資した分はそのままにしておく

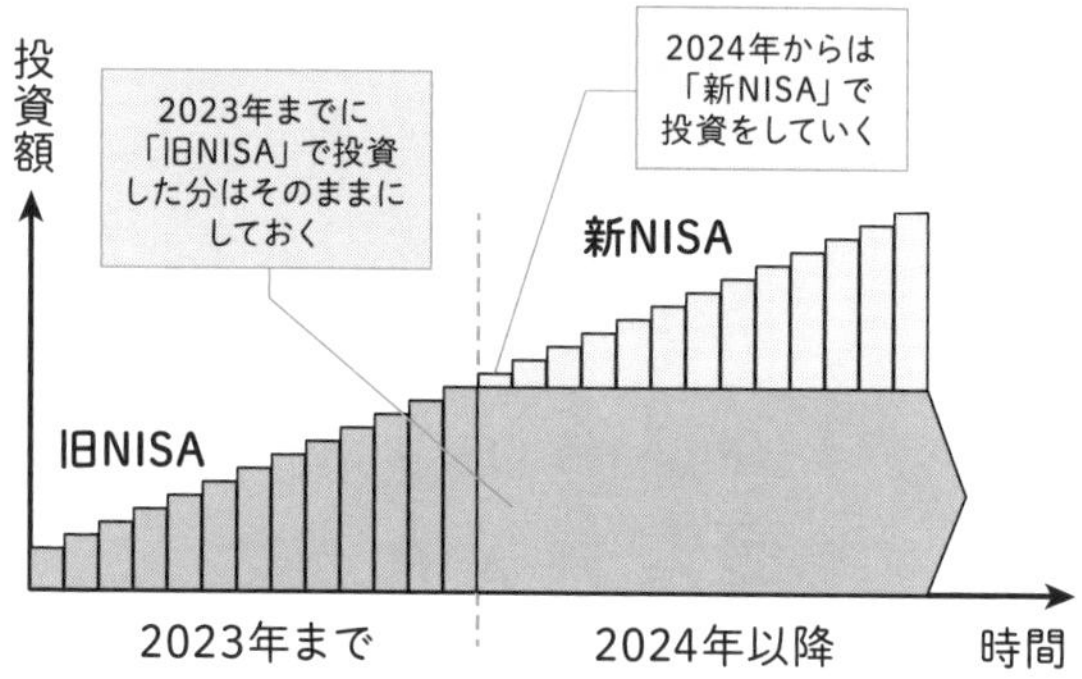

１８００万円分が追加されるから、旧ＮＩＳＡの２００万円分は、期限が来るまでそのまま運用しておけばいいよ。

すでに旧ＮＩＳＡの制度で運用している人は、新ＮＩＳＡを気にせず運用していればいいってことでいいですかね。

そうだね。新旧合わせると１８００万円よりもたくさん運用できる場合もあるから、トクだと言えるね。

あと、年間３６０万円以上、あるいはトータルで１８００万円以上を投資する場合は、ＮＩＳＡの枠を使い切ってしまうので、残りは通常の証券会社の口座で運用すること。

そんなに投資できないんで僕は関係なさそうです……。

まとめ

- 新NISAには「つみたて投資枠」と「成長投資枠」があるが、枠を気にせずオルカンを買えばいい（オルカンはどちらの枠でも購入できる）。
- いままで旧NISAや旧つみたてNISAをやっていた人は売ったりせず、そのまま持ち続ければいい。
- 年間360万円以上、生涯で1800万円以上を投資する人は、通常の証券会社の口座で運用する。

いくら買う？実はこれがセンスの見せどころ

じゃあ、次は「どのくらい」だね。いくらオルカンを買うべきか説明する。

いくら買ったらいいんでしょう？

まず、貯金の中から、3か月以内に使うお金を「当面の生活費」として抜く。

3か月以内に使うお金ですか？

そう。子供の学費とか、食費とか、家賃とかだね。投資したせいで子供の学費が払えないなんてことになったら本末転倒だから、**資産運用はすぐに使うお金でなく**、**当分使わないお金で買う**というルールを守ってほしい。

お金を増やす絶対ルール

生活費を投資にあてない。当分使わない予定のお金で投資をする

3か月以内に使う生活費を抜いたあとは、いくら買えばいいんでしょう?

当分使わないお金なんだから、**残りは全額オルカンにすればいい。**

え、全部ですか⁉　ちょっと待ってください。僕の場合、3か月分の生活費が仮に100万円だとしたら、残りは400万円ですよ。それを全部、株式にしちゃうんですか?

うん。

(うんって……)でも、オルカンは減る可能性があるんですよね……。減るときはどれくらい減ってしまうか教えてください。

目安としては、最悪の場合、1／3が減る可能性があると考えておくといい。

1／3ですか……。400万だったら130万くらい減るってことですか……。

そう。詳しい計算は省くけど、その可能性はだいたい2・3％。だけど、もし同じ2・3％が良いほうに起これば、貯金は43％アップする計算だね。実際、アベノミクス1年目の2013年は1年間で日経平均が5割以上もアップした。

1／3より、もっと減ることもあるんですか。

ある。リーマンショックのときは一時的に40％以上減ったね。でも、それは2・3％未満の確率で起こるようなことがたまたま起こったと考えればいい。だけど、時間が経って、株価は暴落前に戻ったけどね。それで、あとから平均すると、だいたい年間で5％増えると考えておこうか。もちろん全部おおよそだからね（図39）。

図 39　オルカンに投資したときのイメージ

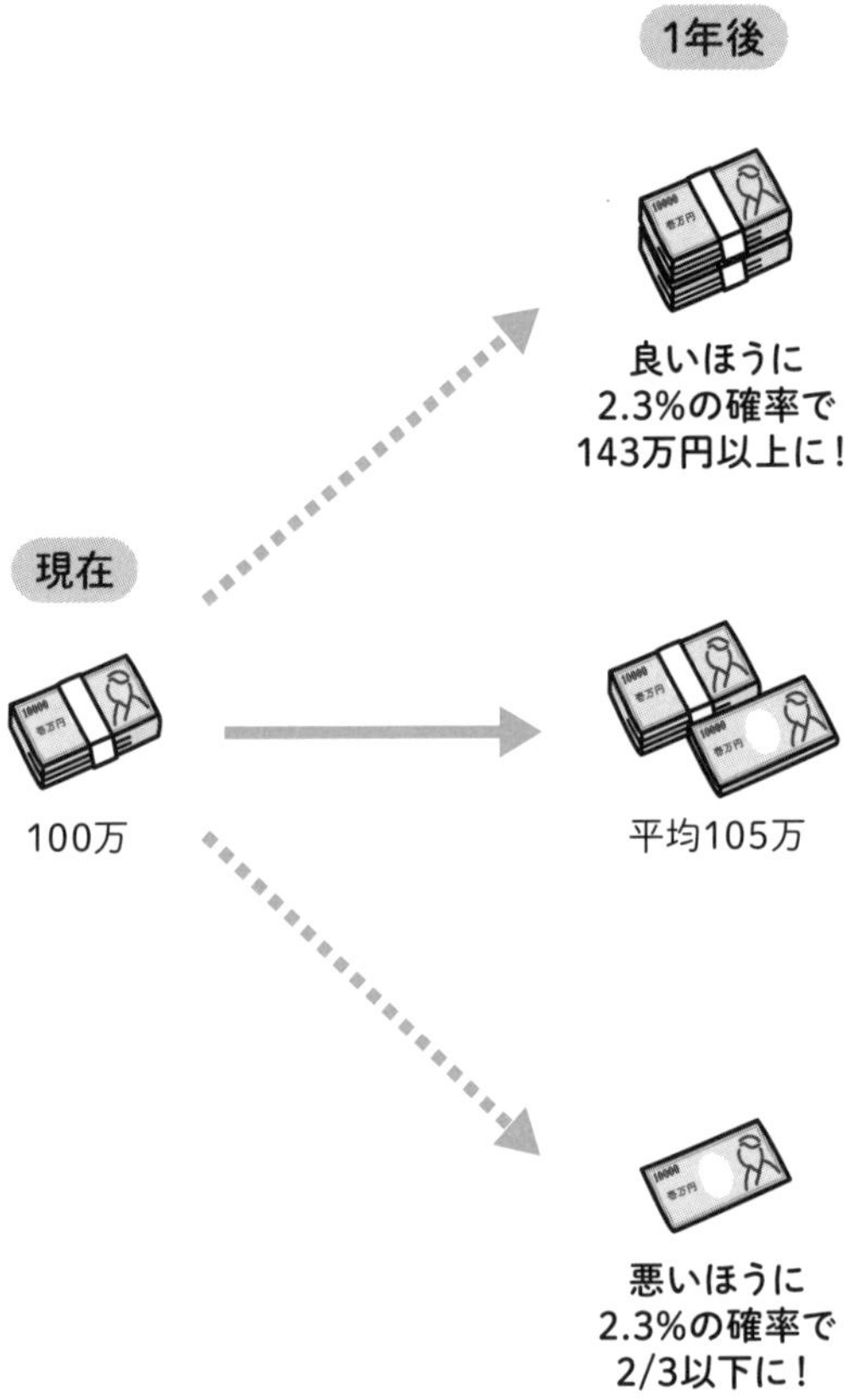

※あくまでも過去の成績を元にした参考値です。

えーっと、整理すると、悪いときは1年に1／3も減って、いいときは40％くらいアップすることもあって、平均すると年間で5％くらいアップする……。それで、減ったとしてもいずれは戻す可能性が高い商品ってことですよね……。

まあ、そういうことだね。

先生。いやです。そんなものに400万も払えません。

じゃあ、君のような心配症のツマラナイ人は、全額じゃなくて、最初に教えた個人向け国債と分けて買えばいいよ。その場合は、**1／3くらい減ることを覚悟して、いくらオルカンを買うか決める。**それで、残りを個人向け国債にすればいい。

減ってしまったときのことを想定して、決めるんですね。

そう。減ってしまったせいで、明日から生活できなくなったり、減ったことが気になりすぎて、夜眠れなくなったりしたら困るからね。……さて、君はいくら減ってもいい？

1万くらいですかね。

だったら3万だね。かなり少ないね。

そう言いますけど、増えるか減るかわからないものを、いくら買えばいいかなんて、素人には想像がつかないですね。

たしかに、これは経験してみないとわからない。実際、株価が暴落する渦中にいると、時間が経てば戻るだろうってことはわかっていても、毎日数十万円くらい下がったりすることがある。君みたいな人は精神的につらいかもしれない。

じゃあ僕のようなド素人はどうしたらいいでしょう?

まずは**半分を「攻めのお金」としてオルカンにして、もう半分を「守りのお金」として個人向け国債にしたらどうだろう。理論的じゃないけど、これで気が休まって割り切れるならいいのではないかな。**

それで、もし下がったりしても、長期で見れば上がる可能性は大いに期待できる

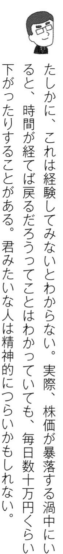

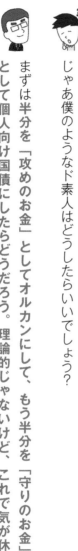

わけだから、あまり株価をチェックしたりしないで気にせず、とにかくもっておく。

半分ですか……。僕の場合、５００万円のうち、生活資金を１００万円としたら、残りの４００万円のうち、半分の２００万円が攻めのお金ってことですね……。

投資の損は金額がわかるから気にする人が多いんだけど、人生にはもっと影響の大きな変化があるし、それでも何とかなる人がほとんどなんだから、運用できるお金は、全てオルカンを買っていいと思うけどね。でも、絶対ってことは言えないから、自分で納得できるリスクにしておくのがいいよ。

オオハシ注

山崎先生は、ほとんどの人の場合、貯金していて当分使わないお金は「すべてオルカンを買ってしまう」と教えてくれました。しかしながら、僕にはどうしても「すべて株式にしてしまうことに抵抗感があります。読者の中にも、僕と同じような弱めのメンタルを持つ人がいるのではないでしょうか……。

そこで、本書では、「ヤマザキ方式」と「オオハシ方式」の二つの解を併用することにしました（図40）。

●おすすめコース（ヤマザキ方式）
全額をオルカンに投資する
オルカン　４００万円　：　個人向け国債　０円

●心配性の人コース（オオハシ方式）
半分をオルカン、もう半分を個人向け国債10年変動型に投資する
オルカン　２００万円　：　個人向け国債　２００万円

読者はどちらを選んでいただいても構いませんし、独自の比率でも結構です。このことは、山崎先生も了承済みです。

図 40　貯金が500万円の人の投資例

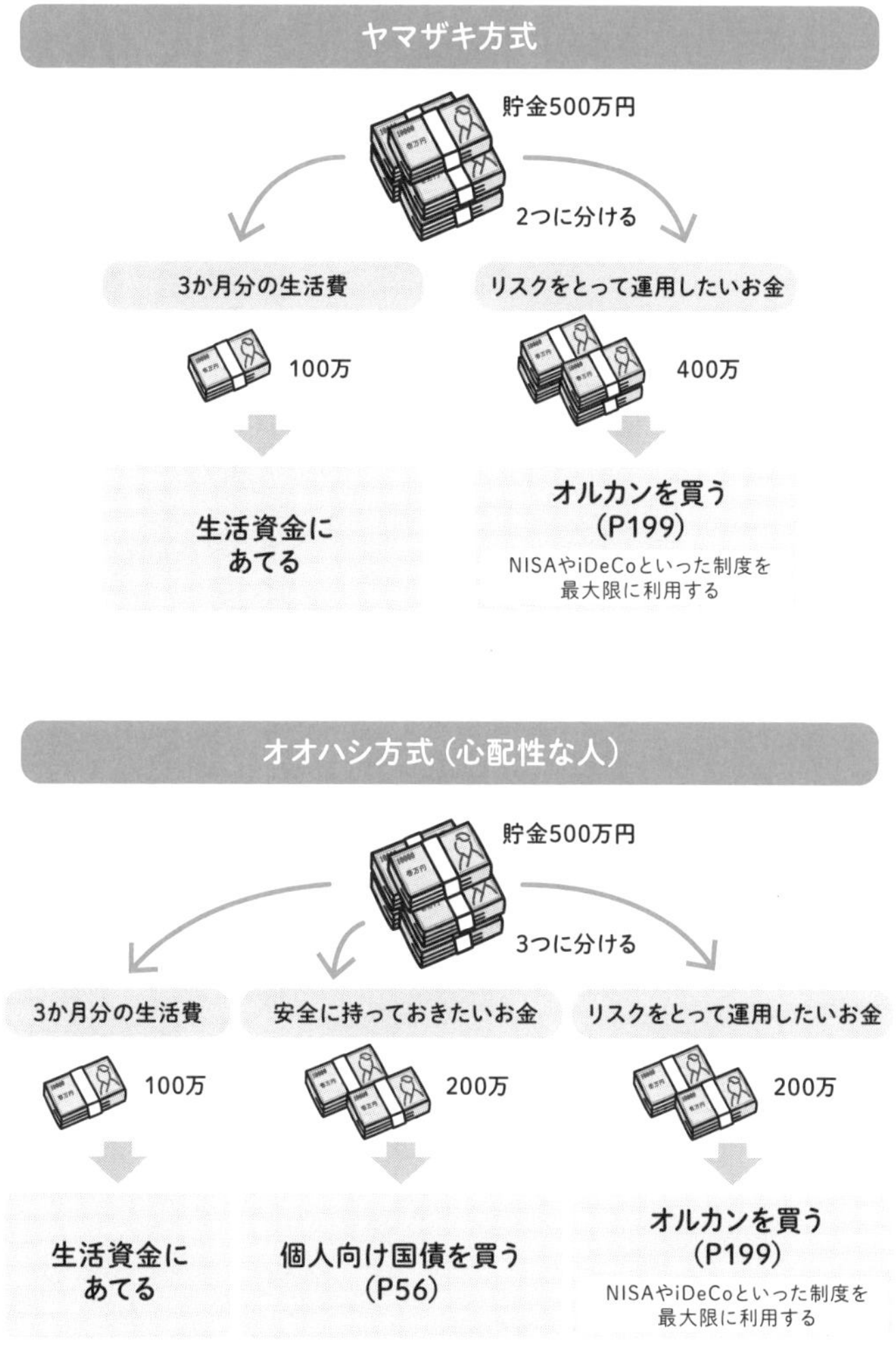
ヤマザキ方式
貯金500万円
2つに分ける
3か月分の生活費
100万
生活資金にあてる
リスクをとって運用したいお金
400万
オルカンを買う（P199）
NISAやiDeCoといった制度を最大限に利用する
オオハシ方式（心配性な人）
貯金500万円
3つに分ける
3か月分の生活費
100万
生活資金にあてる
安全に持っておきたいお金
200万
個人向け国債を買う（P56）
リスクをとって運用したいお金
200万
オルカンを買う（P199）
NISAやiDeCoといった制度を最大限に利用する

まとめ

- 持っている資産から「3か月分程度の生活資金」を抜いて、その中からオルカンを買う。
- オルカンを買う金額は最悪1／3減ってもいい金額から逆算する（1年で100万円減ってもいいなら300万）。
- 感覚が掴めないうちは、生活資金を抜いたお金の半分からはじめて、自分に合う額を見つけていく。

いつ買えばいい？ 今です！

「何を」「どこで」「どのように」と「どのくらい」までわかったら、最後に、「いつ」買えばいいか教えよう。

やっぱり値段が下がったときに買ったほうがいいんですよね。安く買ったほうがおトクですもんね。

いや違う。今だね。

え、今ですか⁉　山崎さんに教えてもらったオルカンという商品をネットで調べたら今ってものすごく、株価が上がっているみたいですよ。安く買って、高く売れば儲かるじゃないですか。

さっき言ったとおり、プロでも未来は予想できないから、「今が安い」「今が高

い」というのは、誰にもわからない。

でも、よく、「これから景気が悪くなるから今は買わないほうがいい」とか、「アメリカと中国が揉めているから株価が下がる」とか、そういうことを言っている記事をネットで見ますよ。

あのね……。私は**テレビやネットで伝えられている株価の予想を何十年も見てきたけど、ビックリするくらい当たらない。**しかも、何をもって安いか高いかは、感覚でしかなかったりする。

じゃあ、最終的には200万くらいまで、「オルカン」を買おうと思ってるんですけど、様子見て少しずつ買っていこうかと思います。一気に買うよりも、毎月少しずつ分けて買ったほうがいいんですよね?

いや、一気に買ったほうがいい。

一気に200万ですか……!?

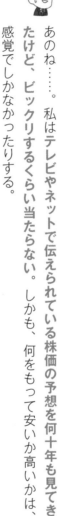

図41　少しずつ買うか、一気に買うか

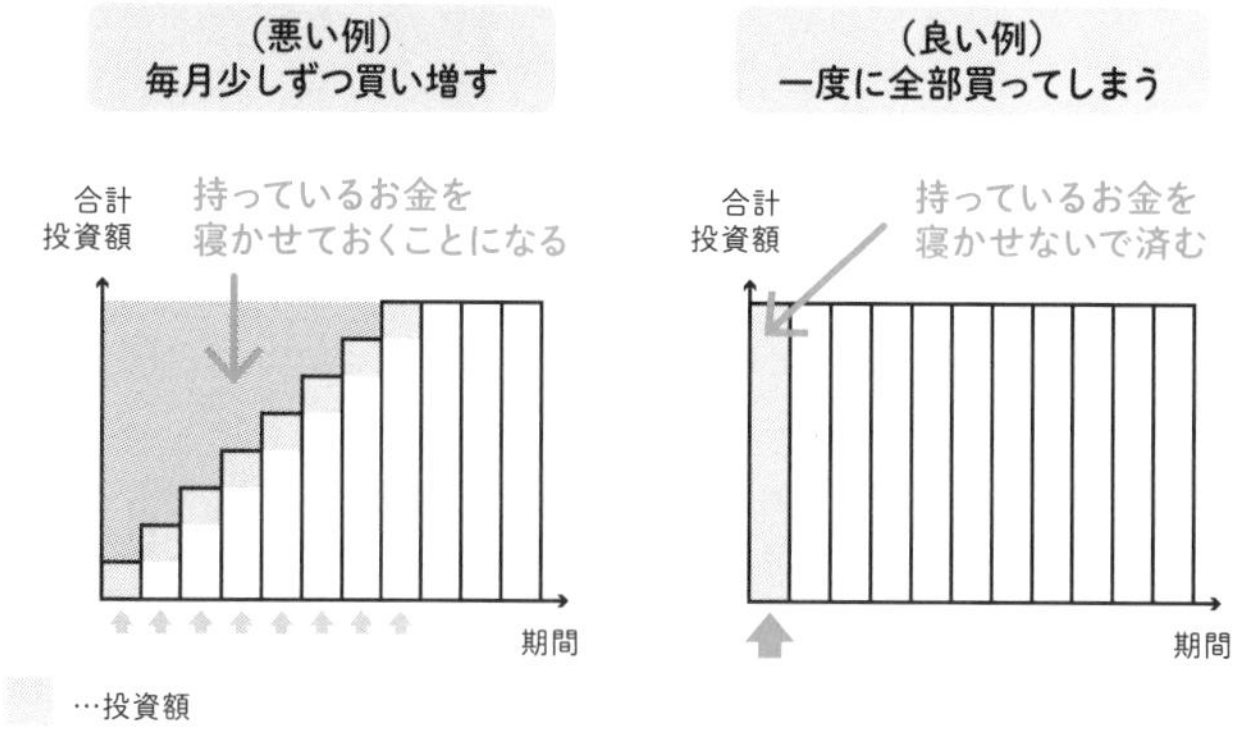

うん。そう。

先生、僕のこと騙そうとしてません？ 僕、他の本も読んで研究したんですよ。そしたら少しずつ買って、買う時期も分散して投資するほうがリスクが減るって、書いてありましたよ。

その本は三流ファイナンシャルプランナーが書いたんじゃない？

……。

さっき説明したように、将来、上がるか下がるかはノーベル賞を獲った人でも当てられない。だったら、**お**

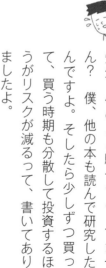

金を寝かせておくよりも、早く買ってお金に働いてもらう期間が長いほうが、現時点の判断としては正しいの。一気に何百万円のお金使うのが怖いからといって、ちょっとずつ買うのは、リスクをとるのを遅らせているだけ。リスクをとることによって得られるリスクプレミアムを先送りしてしまっている。要するにただの気休めだね（図41）。

気休めですか……。

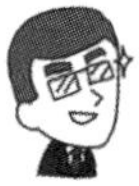
そう。風邪ひいたときに首にネギを巻くぐらいの気休め。

……。じゃあ一気に買いますよ。２００万……。

まとめ

- **現在の株価を気にせず、いますぐ買って、お金に長い期間働いてもらう。**
- **時期をずらして、何回かに分けて買うのは気休めにすぎない。**

「NISA」でオルカンを買ってみる（いま投資するお金がある人）

① SBI証券の投資信託のページ（ログイン後）

「eMAXIS Slim 全世界株式（オール・カントリー）」を検索

② インデックスファンドのトップページ

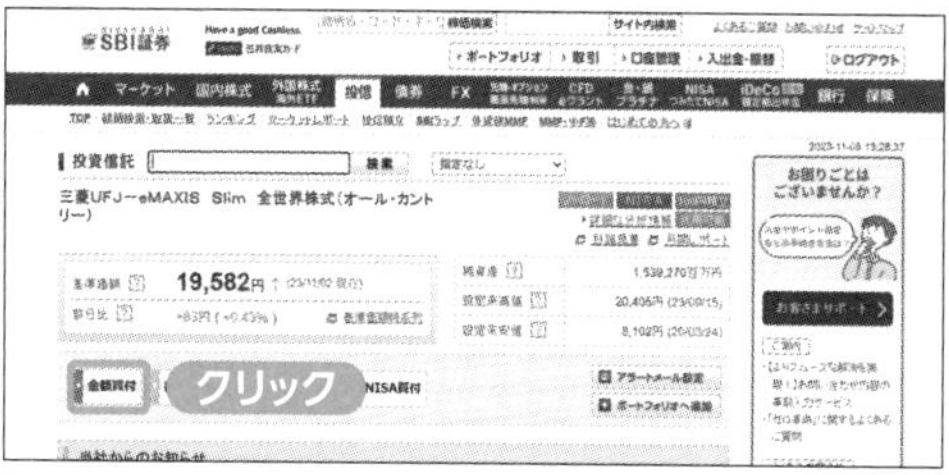

「金額買付」をクリック

③ 目論見書 電子書面閲覧画面

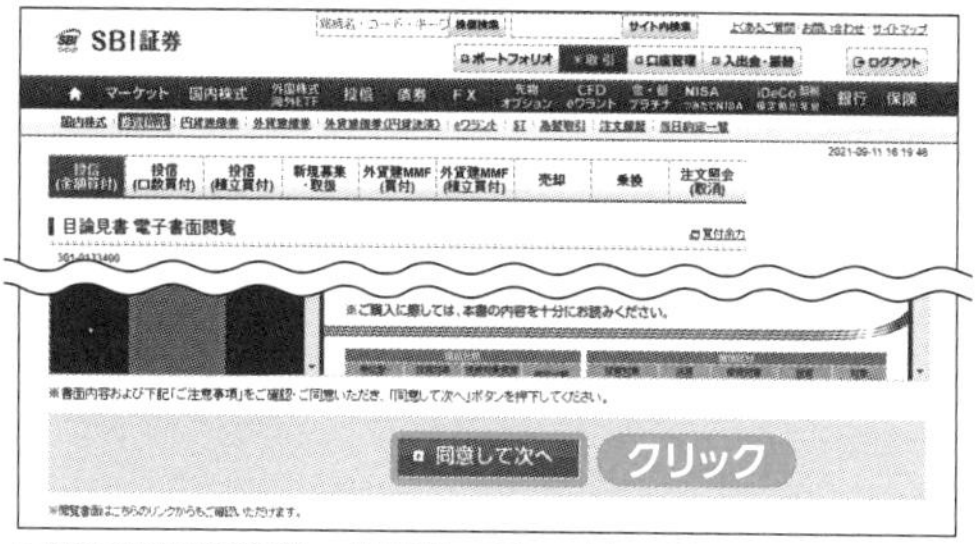

目論見書を確認後、「同意して次へ」をクリック

④ 注文画面

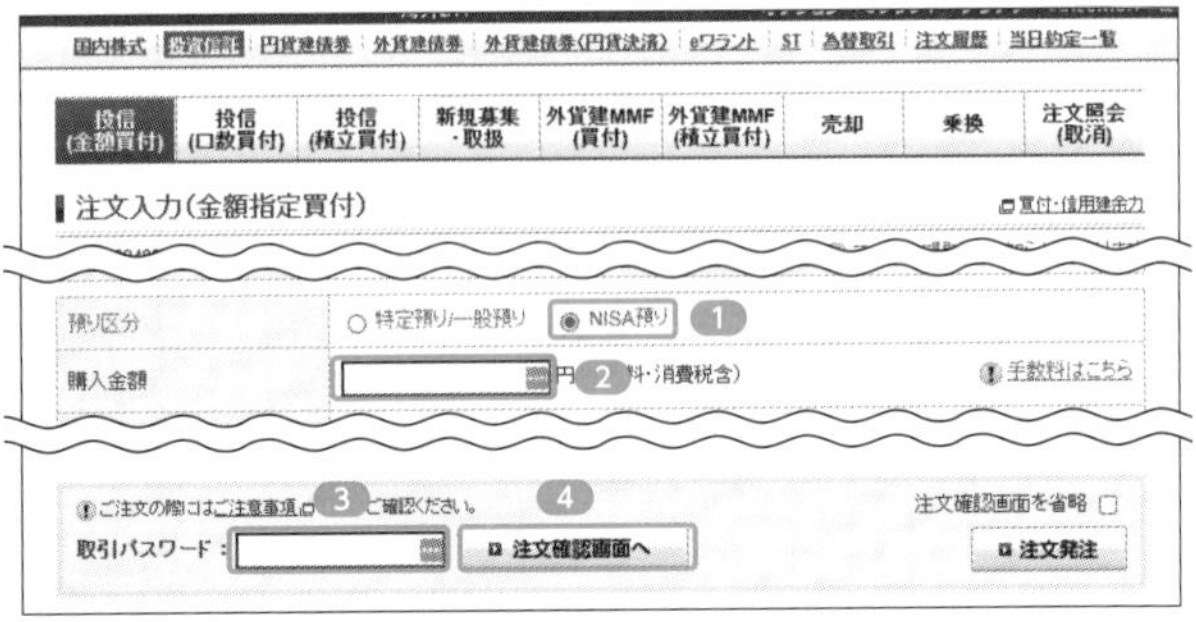

❶「預り区分」で「NISA預り」を選択
❷金額を入力
❸取引パスワードを入力
❹「注文確認画面へ」をクリック

⑤ 注文確認画面

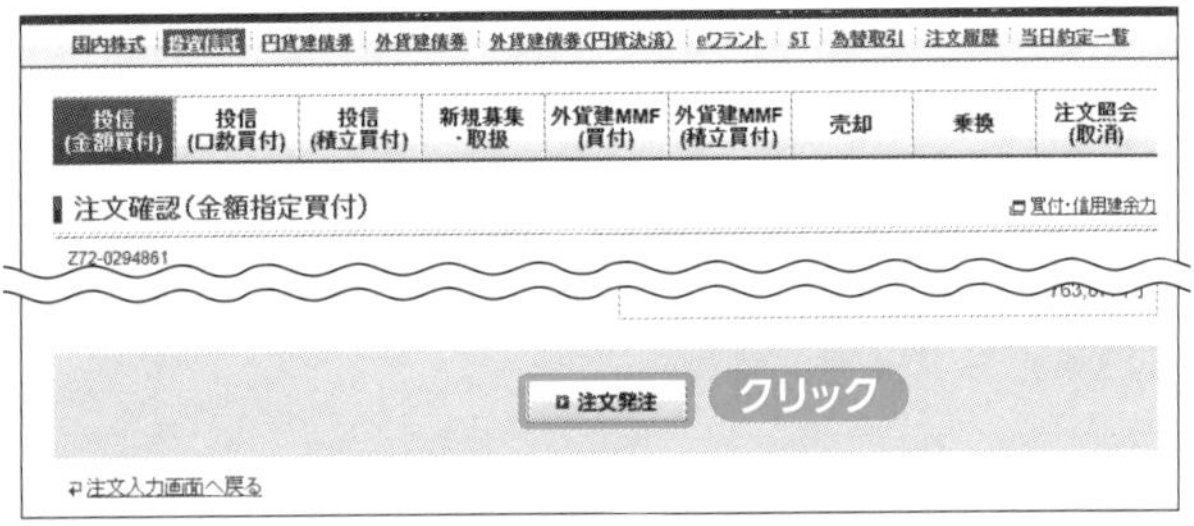

「注文発注」をクリック

⑥ 購入完了

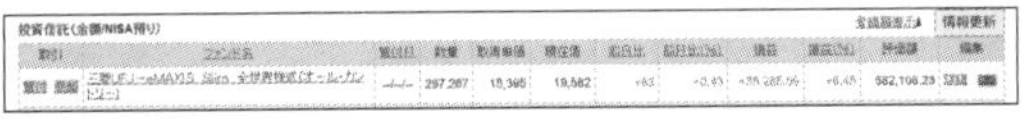

ポートフォリオに追加されました!

※画面は変更になる可能性があります。
※画面は旧NISAでの取引方法になっております。2024年1月以降は証券会社のWEBサイトをご参照の上、お申込みください。

全くお金がない人はどうやってお金を増やす？

ここまでは、貯金がある人の買い方を伺ってきましたが、いまは貯金がなくて、これから資産形成していく人や、給料やボーナスが出たときにさらに、投資額を増やしたい人の買い方を教えてください。

そういう時も、考え方は同じ。**給料やボーナスが入ったら、生活費を除いて、株価は気にせず機械的にオルカンを買えばいい。**例えば毎月の貯金額が5万だったら5万円分のオルカンを買う。もし君のように「貯金する金額の半分でオルカンを買う」と決めた人だったら、2万5千円をオルカン、もう2万5千円で個人向け国債を買えばいいね（図42）。

図 42　給料が入ってきたらいくら投資する？

ヤマザキ方式

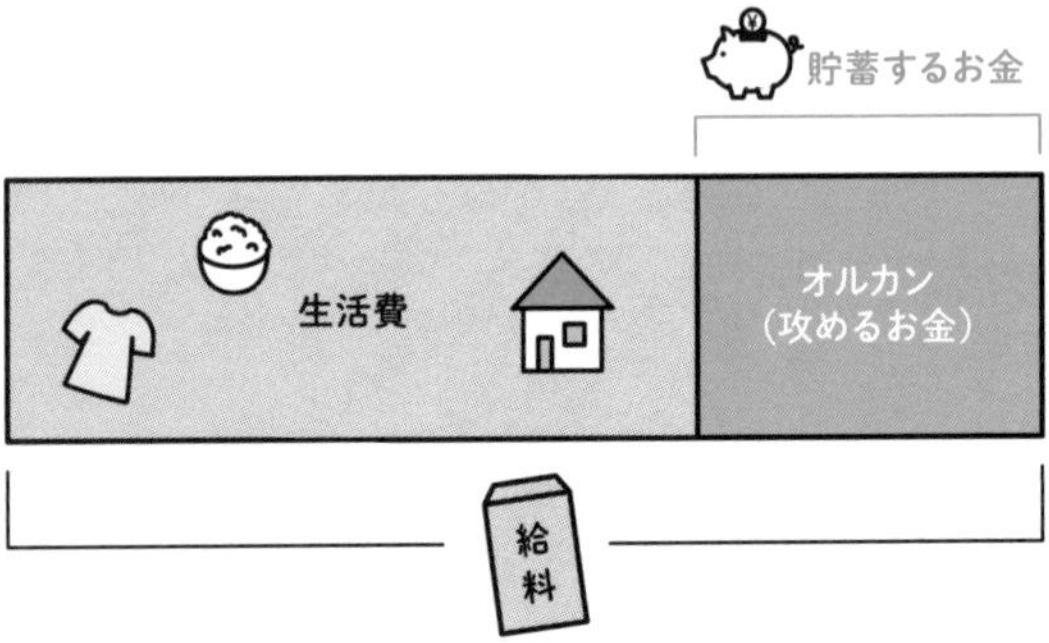

給料のうち、貯蓄するお金の
全てをオルカンに投資する

オオハシ方式（心配性な人）

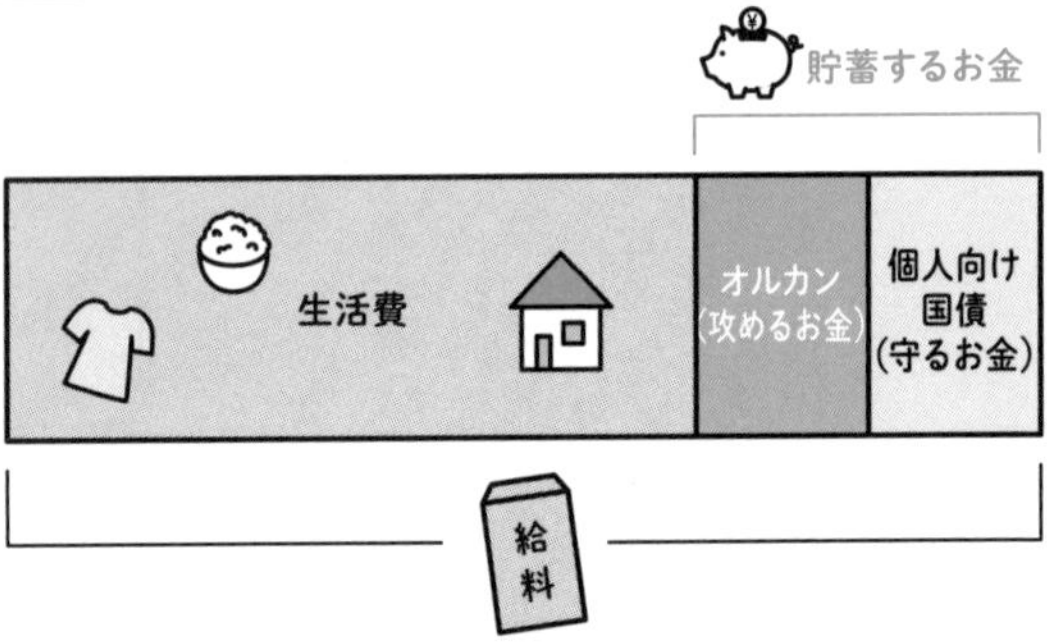

給料のうち、貯蓄するお金の半分をオルカン、
半分を個人向け国債に投資する

毎月、証券会社のサイトにログインして、オルカンと個人向け国債を購入するんでしょうか？

オルカンを含め、インデックスファンドは証券会社のサイトで一度設定してしまえば、毎月、自動で買ってくれる。だから毎月アクセスして買う必要はないね。個人向け国債のほうは毎月買うのは面倒だし、金利は低いから、半年に一回とか、年に一回とか、まとめて買えば問題はない。

※実際の設定の仕方は205ページを参照してください

そんなもんでいいんですか……。

むしろ、自分のお金がいくらになったか気になって、証券会社のサイトにちょくちょくアクセスすると、他の商品が気になって買ってしまったり、予定より多く買ってしまったりするから、**証券会社へのログインはほどほどにしておいたほうがいい**ね。年に数回程度、設定どおりに買われているか確認する程度でいい。

わかりました。証券会社のサイトにアクセスはほどほどにします。

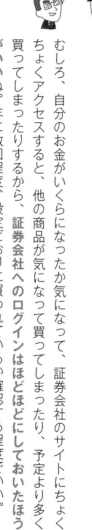

まとめ

- これから資産をつくっていく人は、給料が出たら、あらかじめ決めた配分と金額でオルカンを買う。
- 証券会社のサイトで積み立てる設定をしてしまえば、定期的に引き落とされる。

「NISA」でオルカンを積み立てる（これから資産をつくり始める人）

① SBI証券の投資信託のページ（ログイン後）

「eMAXIS Slim 全世界株式（オール・カントリー）」と検索

② インデックスファンドのトップページ

「積立買付」をクリック

③ 積立買付の設定画面

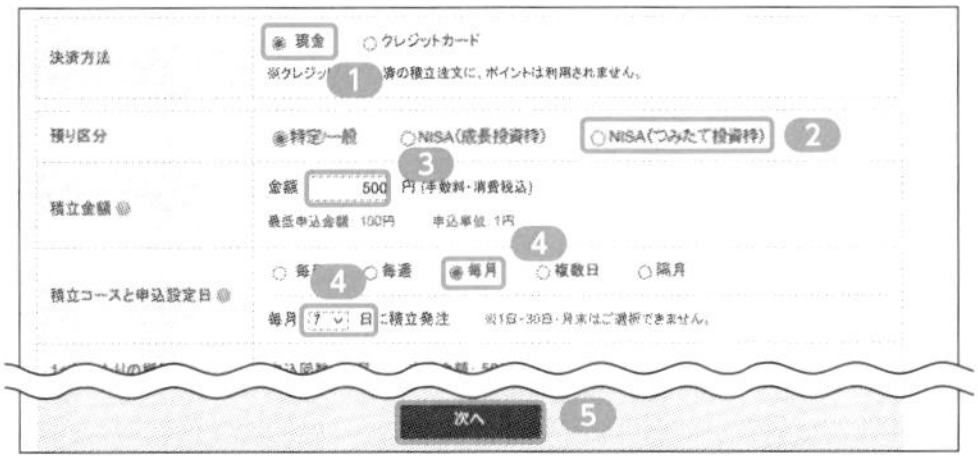

❶「現金」または「クレジットカード」を選択
❷預り区分で「NISA（つみたて投資枠）」を選択
❸「積立金額」に毎月の投資額を入力する
❹積立コースは「毎月」を選択し、申込設定日を入力（何日でもOK）
❺「次へ」をクリック

④ 目論見書の確認

目論見書を確認後、「確認画面へ」をクリック

⑤ 注文確認画面

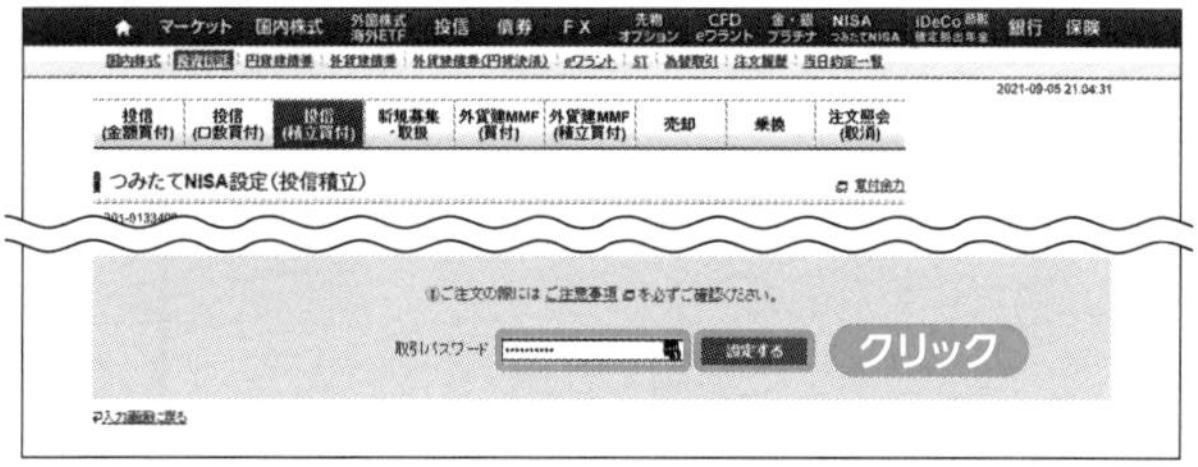

取引パスワードを入力して「設定する」をクリック

⑥ 設定完了

毎月設定した日にインデックスファンドが注文されます

※画面は変更になる可能性があります。証券会社のWEBサイトをご参照の上、積み立ての設定をしてください。

必要になったら容赦なく売る！

いつ、買えばいいかはわかりました。買ったあとは何をすればいいんでしょう。

特にやることはないね。ひたすら持っておけばいい。

そんなんで、本当に増えるんでしょうか。増えるのは年間で5%くらいですよね。

5%といっても、複利で増えていくからね。

複利ですか……。

もし現時点で全く貯金のない人が、収入から毎月5万円を積み立てて、年間5%で増えていったとしたら、30年後には約4100万にもなる。このとき約2300万円は投資信託が増やしてくれた分だね（図43）。

図 43　月に5万円を積み立て、5%の複利で運用できたら

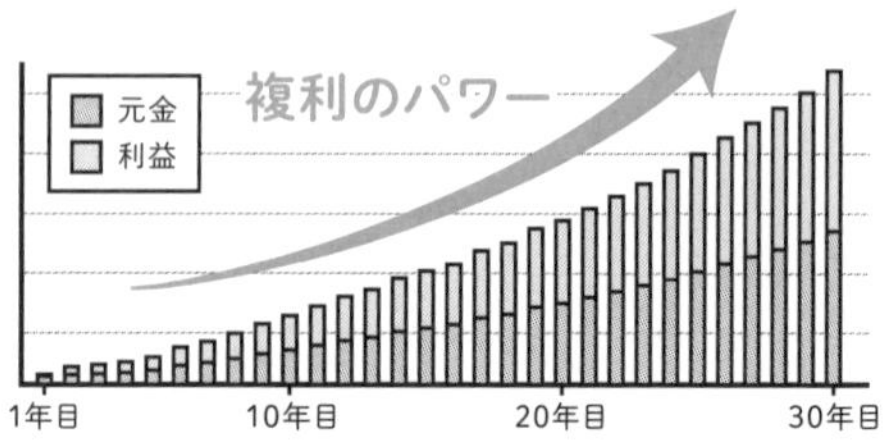

30年後には、約4100万に
（元金が1800万、運用益が約2300万）

5%でも長期で運用すればかなり増える！
老後など、お金が必要になるまでひたすら持っておくこと！

2300万円もお金を増やしてくれるんですか……。

ちなみに、複利に関して一つ覚えておくといいのが「**72の法則**」

なんですか、それは？

72を「利率」で割ると「2倍になるまでにかかるおおよその年数」が出る。たとえば、君の貯金を5%で運用して2倍にしたいとする。その場合は72を利率の5で割ると求められる。

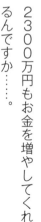

72の法則

72 ÷ 利率（%）＝ 2倍になるまでにかかるおおよその年数

実際に計算してみると14・4になる。つまり、君の貯金500万を毎年5%で運用できれば、だいたい14年から15年で2倍の1000万になるということ。これは住宅ローンで借金を計算するときにも使えるから覚えておくと便利だよ。

利率 → **5（%）**　**2倍になるまでの年数** → **14・4（年）**

72 ÷ 5（%）＝ 14・4（年）

72を利率（%）で割るんですね……。覚えておきます。

それで、複利の力を味方にするには、買ったオルカンの価格が上がったときに、「一度売って、下がったらまた買おう（※）」なんてことを考えないことだね。そういうことをして結局買えない人をたくさん見てきた。**長い時間、ずっと持って**

おくことが何よりも大切（図44）。

※著者の大橋は山崎先生の教えを守らず、下がったときに買おうとして、投資するタイミングを逃してしまいました……。詳しくはP261をご参照ください。

図44　ド素人がやりがちなこと

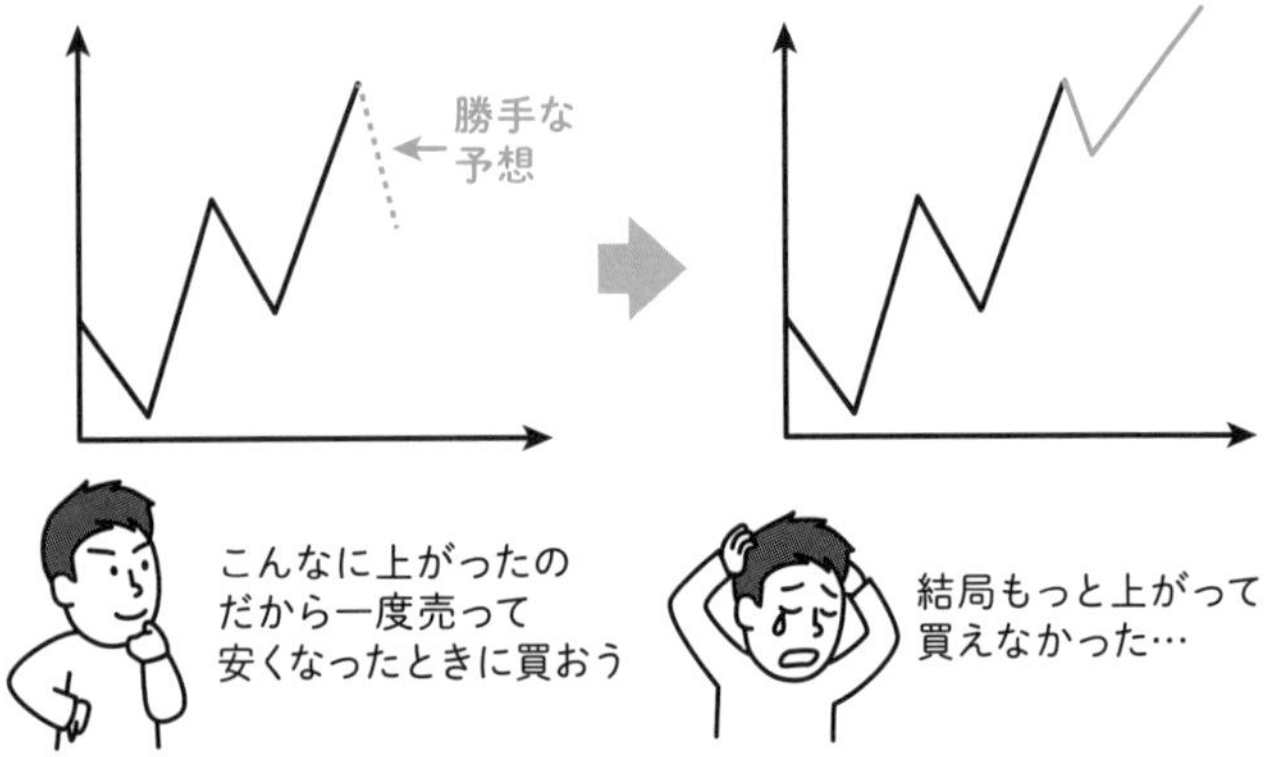
勝手な
予想
こんなに上がったのだから一度売って安くなったときに買おう
結局もっと上がって買えなかった…

ずっと持ってると言っても、お金なんて死ぬまで持ってても意味ないですよね……。いつ売るのがいいんでしょうか？

お金が必要になった時だね。不動産のところでも話したけど、子供が留学する時とか、独立して起業する時とか、**お金が必要になった時に必要になった分だけ売ればいい。**

大きいお金が必要になった時ですか

……。

そうだね。よく、やりたいこととか買いたいものなどができた時に、今は買った時の値段より安いから、投資信託を売るのをやめておこうと考える人がいるけど、いつが高いか安いかなんて、誰にもわからないし、**お金のせいでチャンスを逃してしまうのは、人生がもったいないから、躊躇なく売ってほしい。**

では、仕事をリタイアするまで運用したとして、どうやって取り崩していくのがいいのでしょうか!?

平均寿命は男性が81歳、女性が87歳くらいだから、余裕をみて95歳まで生きると仮定する。例えば、65歳でリタイアするとしたら、あと30年くらい生きるってことだよね。

はい。

そしたら、65歳でリタイアしたときには、運用して貯まったお金を30で割って、

図45　お金の取り崩し方

65歳でリタイア、95歳まで生きるとして

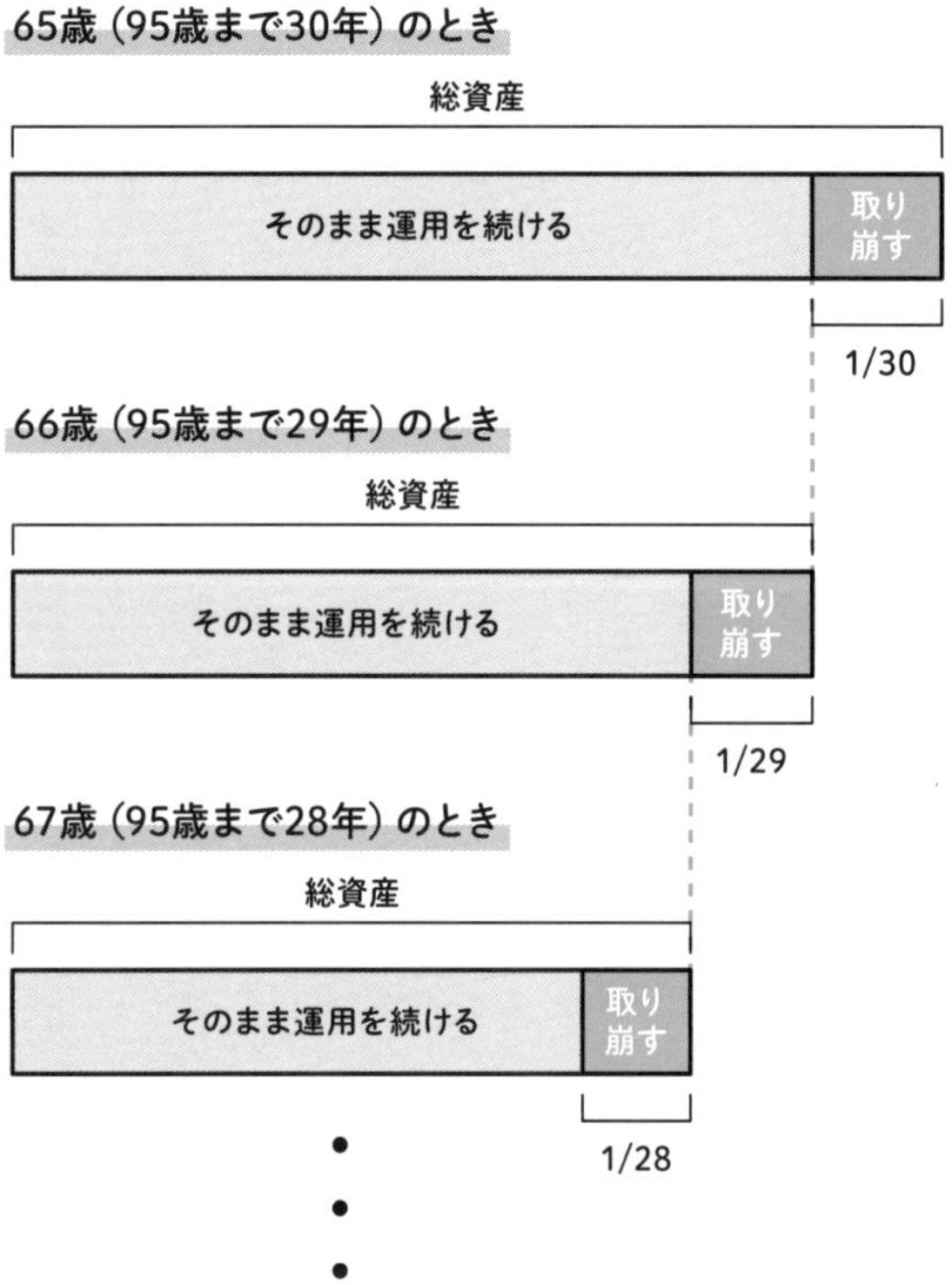

**リタイアしたら、
毎年、総資産の「1／残りの年数」を取り崩す**

その額の分のオルカンを売って、その金額を現金にして使っていけばいい。例えば65歳のときに3000万円貯まっていたら、30で割って100万円だよね。その100万円と、受給する年金で1年間生活し、翌年は残りが29年になるから、そのときの全資産額を29で割って現金にする。そうやって取り崩していけばいい。オルカンでの運用はそのまま続けていくこと（図45）。

リタイアした段階で全て現金にする必要はないのでしょうか？

65歳で引退しても、そこから人生は20年も30年もあって、その間に運用して増やせるんだから、全部現金に変えるのではなく、**必要な分以外は、オルカンのまま持っておけばいい。運がよければ、リタイア後もお金が増えていって、取り崩しても資産が減らないことだって期待できる。**

僕のように「オルカン」と「個人向け国債」の両方を持っている人は、取り崩すときは、どちらから使えばいいんでしょう。

総資産のうち、オルカンのお金が50%で、個人向け国債が50%の人が、100万

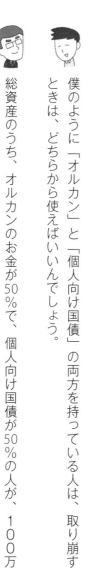

円を取り崩すケースだったら、50万ずつ同じバランスで使っていくのがいいだろうね。そうすれば、リスクの割合がだいたい一緒になるからね。

まとめ

- **運用したお金は、必要になったときに使うのが原則。**
- **定年後は、95歳まで生きることを仮定して、資産を残りの年数で割った額を使っていく。**

COLUMN

率直にお伺いします！　すぐに「大金持ち」になる方法を教えてください！

先生に教えてもらった方法で、給料から毎月5万円を積み立てて、オルカンを年間５％で運用できたとしたら、僕の場合、65歳時点で３６００万円くらいになるようです。老後の心配は消えそうです。でも、若いうちに大金持ちになるのは無理そうですよね……。

たしかに、若いうちに大金持ちになるのは難しい。**複利の効果を実感するには、長い時間が必要**だからね。

じゃあ先生。とにかく早く大金持ちになる方法を教えてください。

どうして早く大金持ちになりたいの？

会社に振り回されず、悠々自適に暮らすためです。流行りの**FIRE**ってやつです！

FIREとは

Financial Independence, Retire Earlyの略で、「経済的な自立と早期の退職（リタイア）」の意味。要するに働かなくてもお金の心配をせずに生きていけること

……まあいいよ。とっておきの方法を教えよう。

お願いします！

まず巷でよく言われているのは、「**レバレッジをかける**」という方法だね。

レバレッジとは

てこのこと。投資の世界では、お金を借りて投資をして利益率を高めること

わかりやすく言うと借金だね。例えば、君がどこかから1億円借りるよね。その1億円でインデックスファンドを買って5％で運用できたとする。そうすると、金利などを考えなければ、2倍の2億円にするには、14年くらいになる。

1億円借りて2億円にして、1億円を返すほうが早いってことですね。

そう。だけど、4章で説明したように、オルカンは運が悪いと1年で1／3が減るかもしれない。もし、1億円を借りた直後に暴落すると、いきなり3000万円以上の借金を抱えてしまうことになる。

3000万の借金って考えただけで恐ろしいですね……。

ローンを組んで不動産を買うのも同じ。3章で説明したように、不動産のほうがお金を借りやすいんだけど、**銀行でローンを組んで1億円でタワーマンションを買って高くなったところで売ろうとしても、何かトラブルがおきれば、いきなり7000万円になってしまうかもしれない**。しかも大きな借金を抱えてね。
この方法はうまくいかなかったときのダメージが大きいわけ。だからオススメしないの。

借金して投資するのは、ハイリスク、ハイリターンってことですね……。じゃあ、どうしたらいいんでしょう……。

わたしがおすすめする**大金持ちになる方法はズバリ、「ストックオプションをもらうこと」**だね。

え……。それって、IT企業とかでよくある、会社作って上場した時に儲かるやつですよね？

そう。自分が株主の会社が上場できれば、株を売って大金が手に入る。

ストックオプションとは

「新株予約権」の一種で、会社が個人に対して自社の株式を購入する権利を与えること

僕には無理です。会社を作るなんてできません……。

自分で会社を作る以外にも、ストックオプションをもらえる方法がある。それは「うちで働いてくれたら、株をあげますよ。給料は安いけど株価があがれば大金持ちですよ」そんな採用の仕方をしている会社があるから、そういうところに転職することだね。ベンチャー企業や外資系の企業に多いね。

そんな会社に転職できるんですかね……。

会社がストックオプションで報酬を払うということは、当面の給料は低く抑えられていて、その分、採用条件が甘くなることが少なくない。就職した会社がうまくいけば、意外に大きなお金が手に入る。

はあ……。

なぜ、これを勧めるかというと、**もし失敗したときに、会社を辞めさせられる程度ですむ**。ようするに最悪クビですむということ。

簡単に言いますけど、クビになるのイヤです……。

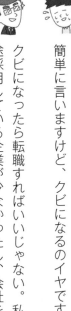

クビになったら転職すればいいじゃない。私は過去に12回転職したけど、昔は中途採用している企業が少なかったし、会社を辞めたというだけで良く見られないことがあった。だけど**いまは、転職先がいくらでもある。それに大企業に就職したからって一生安泰とは限らない**。だったら、ストックオプションをもらえる会社に就職して、そこで株式の報酬を狙うのはかなりいい戦略だと思うよ。うまくいけば大金持ちだし、うまくいかなかったら、またチャレンジすればいいだけだからさ。

なるほど……。同じ賭けをするんだったら、失敗したときに多額の借金を抱える方法ではなくて、自分がクビになるくらいで済む方法を選べば、傷が浅いってことですか……。

そういうこと。あとね、若い人は手持ちのお金なんてたいしたことないけど、**自分自身に大きな経済価値がある。流行の言葉では「人的資本」って言うんだけど、これを利用せずに、投資だけでお金持ちになろうというのは賢くないね。**

人的資本とは

人間が持つ能力を資本として捉えた経済学の考え方。若く将来性があるほうが大きくなる。

でも、僕にその働き方はできないですね……。

そしたら、短期間に投資で大金持ちになろうとすることは考えないほうがいい。そういう人は、コツコツ積み立てていくこと。うまくいかなかったときに何千万も借金を抱えたら身動きがとれなくなる。借金を返すために生きていくのでは、人生があまりにももったいないからね。

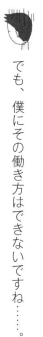

働いて3000万円を返すって相当大変ですもんね……。

学生や若い世代は、経済的に豊かになりたいのであれば、給料をもらって、安定した会社に就職するという考え方だけでなくて、**自分という資本を使って、うまく株に関わることを考えるといい。**

株を買うのはお金がかかるけど、株式の報酬を得られる企業に就職すれば、現時点でお金がなくても、うまくいけば大金持ちだからね。

実際、私は自分の息子にもそう教えたし、これから就職するお子さんがいる人は、就職するときは、株式の報酬を得られるかどうか、というのを視野に入れることを伝えてあげてほしいね。**働き方もお金の運用と一緒で、適度なリスクを取るほうが、得するようにできている。「安定」をよしとする親世代の常識は疑った方がいいね。**

CHAPTER 5

年金制度とiDeCo編

安心してください！　年金はもらえます

あと、お金を増やす上で、もう一つのおトクな制度がiDeCoだね。

いったいなんなんでしょう。iDeCoとは……。

iDeCoを説明する前に、その前提として年金について説明しようか。

年金ですか……。はあ……。

どうしたの？

どうせ年金なんて、引かれるだけ引かれて、僕が65歳になるころにはもらえないんですよね？

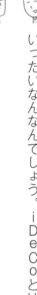

そんなことない。きっともらえるよ。

え⁉　年金もらえるんですか。

いま支給されている年金と比べたら、減ることも、もらえる時期が遅れることも十分あり得るけどね。でも、戦争でもして占領されない限り、まったくなくなることはないだろうね。

なくなることはないんですか……。てっきりもらえなくなるものだと思っていました……。

君のように「どうせ払ったって戻ってこない」と考えて、自営業の人やフリーターが国民年金の保険料を支払わないケースが増えているらしいけど、老後に**国から払われる年金というのは、現役世代から徴収した年金だけじゃなくて、税金でもまかなっているの。**
つまり**君が払っている消費税などの税金も年金の財源になっている。**年金を支払わずに、年金の受給資格を失ってしまう若者は、損をしているとも言える（図

図46　年金のしくみ

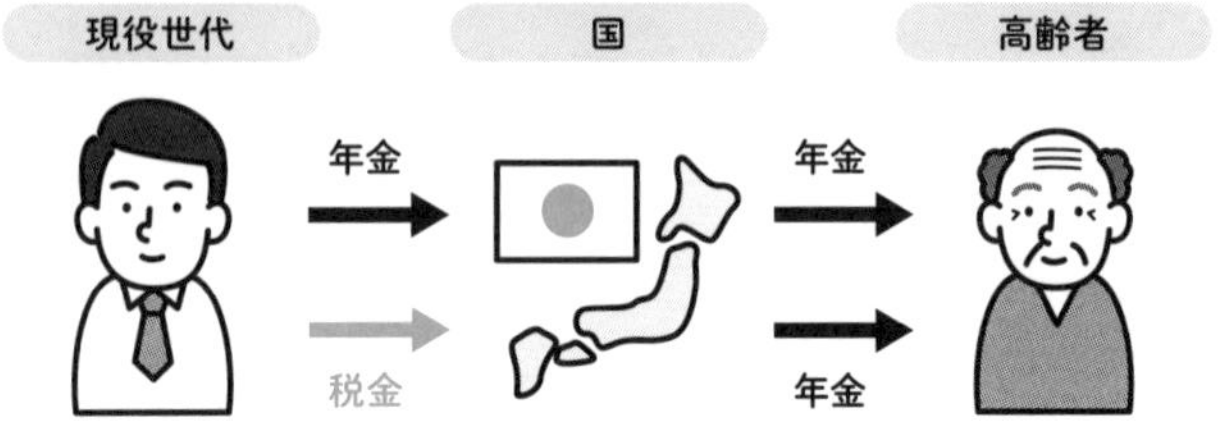

高齢者に支払われる年金は、
現役世代が払う年金以外に税金などからも賄われている。

将来、年金が0円になるとは考えづらい！ そのため国民年金や厚生年金を払うのをやめて、受給資格を失うのはもったいない

46）。

それを聞くと払わないのはもったいない気がしますね……。

それと、おトクな制度である「iDeCo」も利用することができなくなってしまう。

でも、先生……。高齢化社会が進むと「現役世代1.5人で高齢者1人を支えていく」のような話をよく聞くじゃないですか。年金だけじゃ最低限生活できるレベルなんですよね。もらえたとしても不安です。

そうかもしれない。でも、プラスの

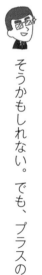

要素もある。

何ですか、プラスの要素って。

まず、**歳をとると今よりも活動的じゃなくなる。だから、衣食住にかかる費用や交際費は少なくなる。**今の生活レベルを保つ必要があるかは考えてみるべきだね。

まあ、確かに30歳を過ぎると、食欲がなくなって焼肉よりも豆腐とかを食べるようになりましたし、いろんなことに興味がなくなって出費が減った気がします……。

30代でそれは早い気もするけど……。あとは技術の進歩や企業の努力で生活はどんどん便利になるからね。服でも、パソコンでもスマホでも身の回りのものを見てみなよ。安くていいものが溢れかえっているでしょう。これからもっと進歩するはずだから、**同じ程度の豊かさをキープするだけなら、より少ない金額で実現できる世界になっている可能性が高い。**

図47　老後の資金の考え方

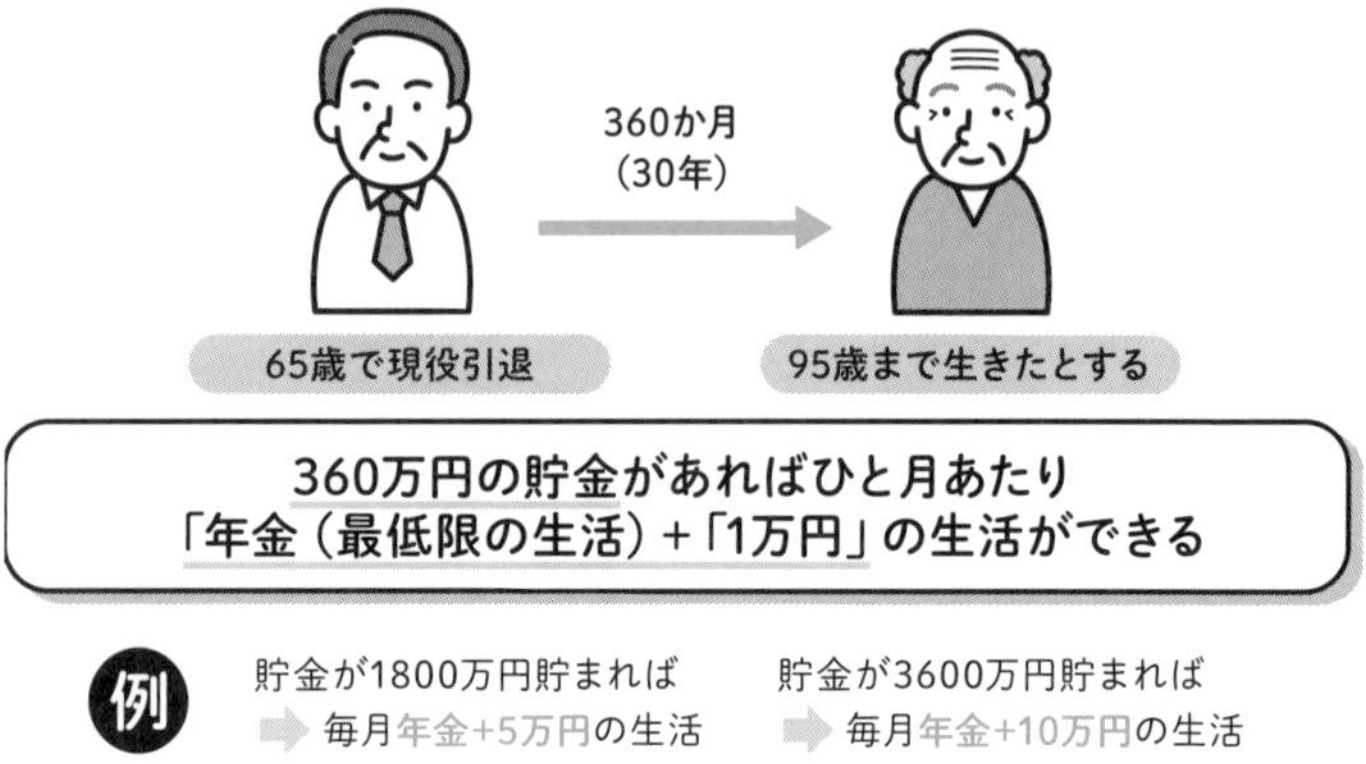
360か月
（30年）
65歳で現役引退
95歳まで生きたとする
360万円の貯金があればひと月あたり
「年金（最低限の生活）＋「1万円」の生活ができる
例
貯金が1800万円貯まれば
毎月年金+5万円の生活
貯金が3600万円貯まれば
毎月年金+10万円の生活

じゃあ、いくらあればいいんですかね。

「老後にいくら必要か」は、こう考えるのがいいと思う。65歳で仕事を引退してから、長めにみて95歳まで生きたとする。老後の期間は30年、つまり360か月になるから、もし**360万円を貯めておけば、年金でできる最低限の生活に、ひと月あたりプラス1万円の生活。720万円を貯めておけば、月プラス2万円の生活。**そう考えればわかりやすいんじゃない（図47）。

360万円で月プラス1万ですか……。たしかにわかりやすいですね。

君は老後にいくらくらいほしい？

年金プラス月10万くらいですかね。

そしたら、目標額は３６００万円だね。月５万円を運用にまわして、30年くらい続ければ達成できる金額だよ。

まとめ

- 今よりは減るかもしれないけど、年金は支給される。
- 老後にもらえる年金は、消費税などの税金からも賄われているので、年金を払わずに、受給資格を失ってしまうのはもったいない。
- 老後にいくら必要か考えるときには、３６０万円があれば、年金にプラスして毎月１万円の生活ができると考える。

iDeCoを始めるには、総務の人に相談する!?

オオハシ注

ここから「個人型確定拠出年金（iDeCo）」の話になるのですが、最初にお伝えすると、複雑です。でも理解するとおトクな制度だということがわかります。おそらく今回学んだ中で一番おトクな制度です。なるべくわかりやすく書いたつもりですが、一度読んで理解できない場合は、繰り返し読んでいただけるとうれしいです。

ただ、お金の運用は始めないのが一番よくないので、挫折しそうだったら、ここからは読み飛ばして、まずは、比較的簡単に始められて、いつでもやめられるNISAを始めて、あとからiDeCoを始めてもいいかもしれません。

iDeCoから始めようとして、挫折してしまう人は結構多いので……。

年金がなくなる可能性は低いということがわかったら、iDeCoについて説明しようか。

iDeCoとはいったいなんでしょう?

個人型確定拠出年金のことだね。

iDeCoとは

自分で積み立てる年金のことで、加入すると税金が優遇される制度

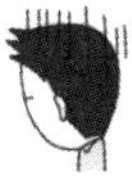

さっぱりわかりません……。

まず、はじめに年金制度について、ざっくりでいいから理解しようか。年金制度は、よく「3階建て」と説明される。1階が全員が払う「国民保険（基礎年金）」2階が会社員や公務員が払う「厚生年金」だね（図48）。

図48　年金は3階建て

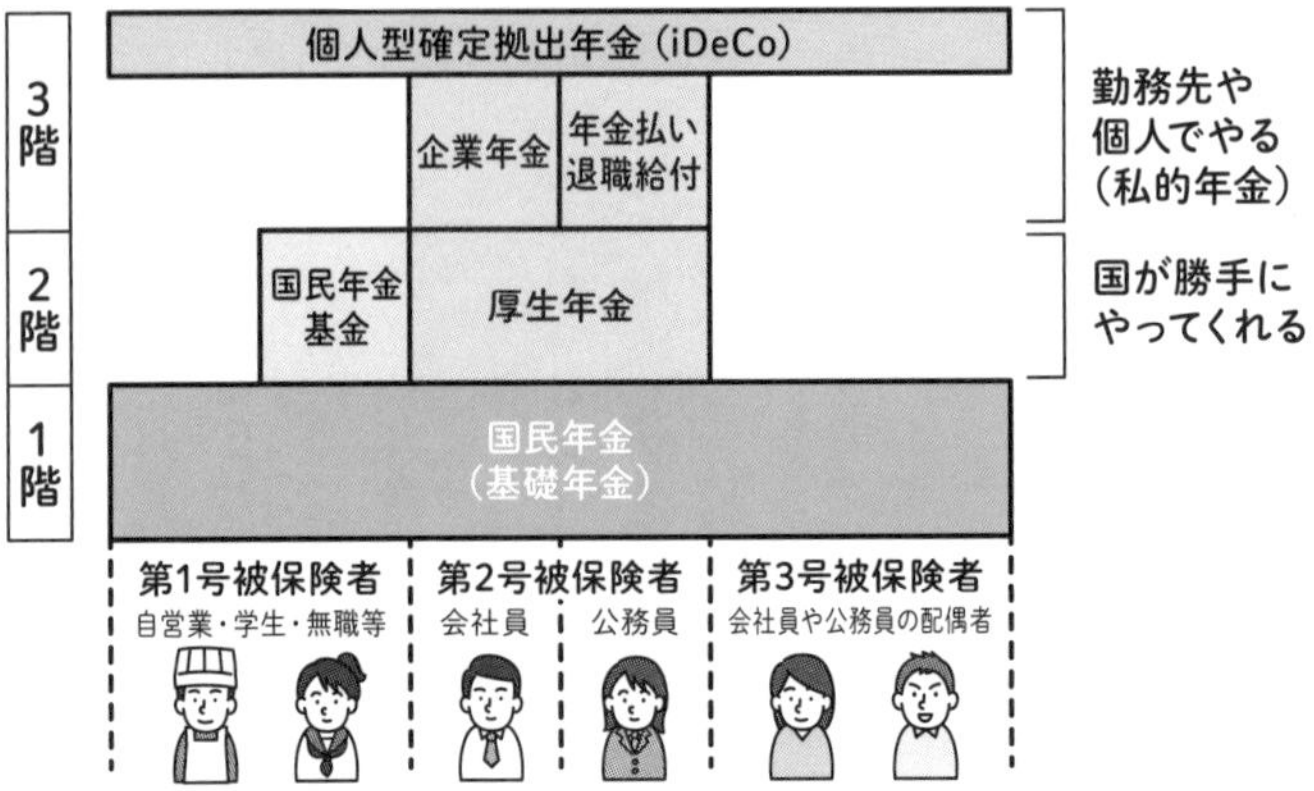

毎月、給料から引かれているやつですよね……。

そう。1、2階部分だけに加入している会社員だと、支給額は平均で14万円程度。これだけでは物足りないという人が、iDeCoを含めた3階部分を利用して上手にお金を増やしていけばいい。3階部分は国でなく勤務先や個人で積み立てる私的年金だね。

あの……、すでに頭がいっぱいなんですけど……。

まあ、難しかったら、**3階のことだけ考えればいい**。1階と2階は、国

が決めた金額を納めて、原則65歳以降に国が決めた額が給付されるから、工夫の余地が大きくない。

3階　私的年金（iDeCoを含む）←個人・会社が運用
2階　厚生年金←国が運用
1階　国民年金←国が運用

ちなみに、いままで教えていただいたお金の増やし方も、老後の資金を貯めるということでしたが、それとはどう違うのでしょうか。

iDeCoにはNISAにはない大きな税金の優遇があって、**君の給料から引かれる所得税や住民税が戻ってくる**。NISAよりおトクな器（うつわ）だと思ってもらえればいい。つまりインデックスファンドはiDeCoの器に入れるとさらにおトクになることが多い（図49）。

※専業主婦や学生の方など、収入の少ない方はiDeCoに加入してもあまりトクをしない場合があります。

図 49　iDeCoはNISAよりおトク？

インデックスファンドをiDeCoの口座に入れておくと、
所得税や住民税の優遇制度がある
※専業主婦や学生など、所得が少ない場合は優遇制度の恩恵を受けられない場合があります

え、税金が戻ってくるんですか！ iDeCoぜひ教えてください。

まず、年金の3階部分には主に下記の種類がある。

主な私的年金（3階部分）
①確定給付年金
②確定拠出年金
③民間の年金保険

やっぱ無理です。言葉が難しすぎですね……。

少しずつ説明していこうか……。まず、③の個人が保険会社などで入る

民間の年金保険は、保険のときに説明した理由で入る必要はなし。これで1つ消えるよね。

主な私的年金（3階部分）

①確定給付年金
②確定拠出年金
~~③民間の年金保険~~

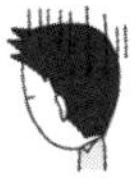
まだ、難しそうなやつが2つも残ってます……。

以前は、会社が福利厚生の1つとして、3階部分の年金まで運用をしてくれたことが多かった。これは会社が勝手に給料の一部を積み立てて運用してくれて、定年退職したあとに年金として支払われる。これが①の確定給付年金。

会社が勝手に運用してくれるなんて、なんていい会社なんでしょう。

図50　確定給付年金と確定拠出年金の違い

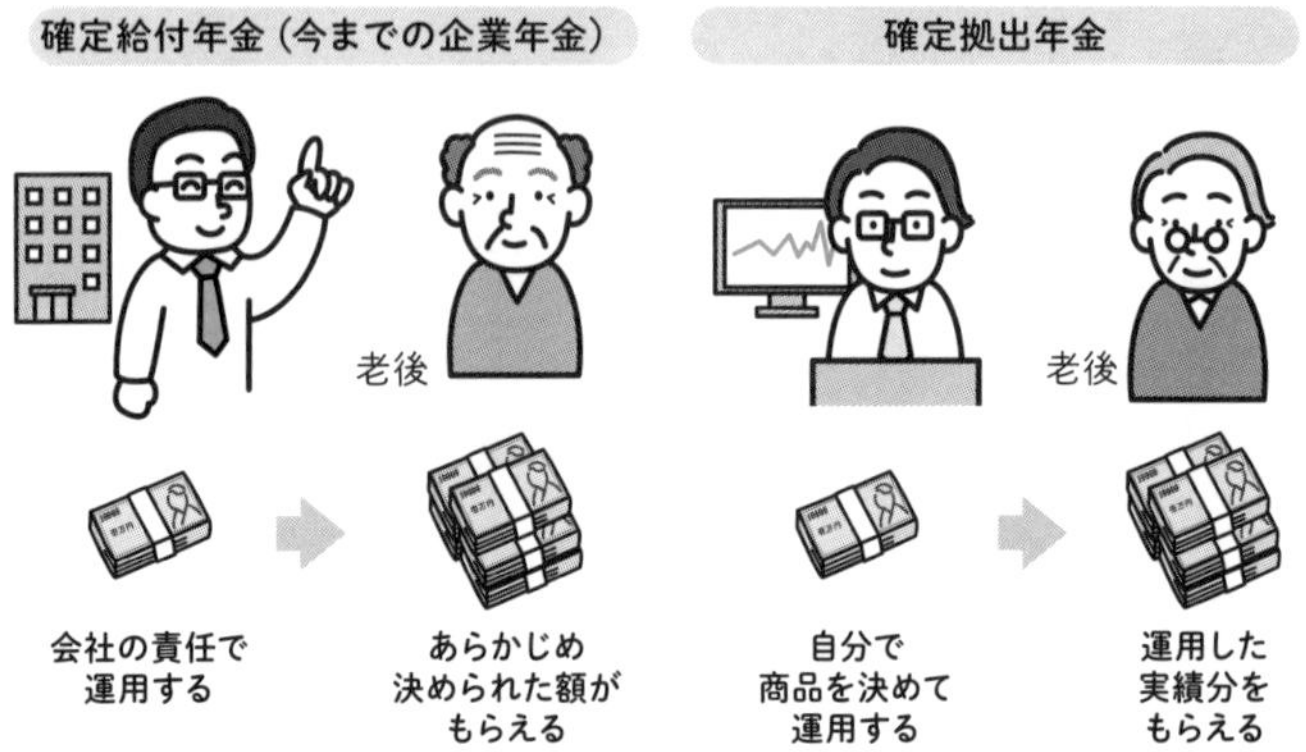
確定給付年金（今までの企業年金）
確定拠出年金
老後
老後
会社の責任で
運用する
あらかじめ
決められた額が
もらえる
自分で
商品を決めて
運用する
運用した
実績分を
もらえる

でも、企業が運用するのって負担だよね。ほとんどの会社は運用が本業なわけじゃないし、企業が運用のリスクまで負うことになるから。だから、これからは「年金の運用は従業員のみなさんがやってください」という制度が主流になってきた。

それって僕が年金の運用をするってことですか。

そう。これが②の確定拠出年金。これからは老後のために自分で何に投資するか考えなきゃいけない（図50）。

※確定しているのは拠出するお金（給料から積み立てるお金の額）だけで、将来いくらになるかは本人の運用で決まるので、こう呼ぶそうです。

自分でどの金融商品か選ばなきゃいけないんですか……。

そのとおり。でも難しく考える必要はなくて、**確定拠出年金でも2章で説明した世界中に分散されたインデックスファンド、あるいはそれに近いものを選べばいい**。とにかく、さっきのNISAもそうだけど、政府は近い将来、公的年金だけでは国民の老後資金が足りなくなるかもしれないから、なるべく個人にお金を運用させようとしてるんだよね。おそらくこの流れは今後も強くなる。だから、もう資産運用からは逃げられないと思ったほうがいい。

もう、やるしかないんですね……。

それで、確定拠出年金の中には、企業型と個人型があって、企業型は**企業型DC**と言ったりする。それで個人型のほうの愛称が**iDeCo**。

②確定拠出年金

A　企業型（企業型DC）

B　個人型（iDeCo）

やっとiDeCoがでてきましたね。それはどっちがいいのでしょう。

これはどっちがいいかというより、君の勤務先がどうしているかによる。**会社で総務の人に聞いて、Aの企業型確定拠出年金（企業型DC）の制度を用意しているなら、メニューにしたがって、インデックスファンドを選べばいい。**会社が給料からひいて、毎月積み立てて投資してくれる。

もし、それだけでは物足りない人や、勤務先に確定拠出年金の制度がない人は、自分でBのiDeCoに加入すること。

頭が爆発します。

君がそういうと思って、フローチャートを用意しといた（図51）。

わかりやすいです……。まずは会社に聞くんですね。総務の人に聞いてきます。

図51　年金のフローチャート

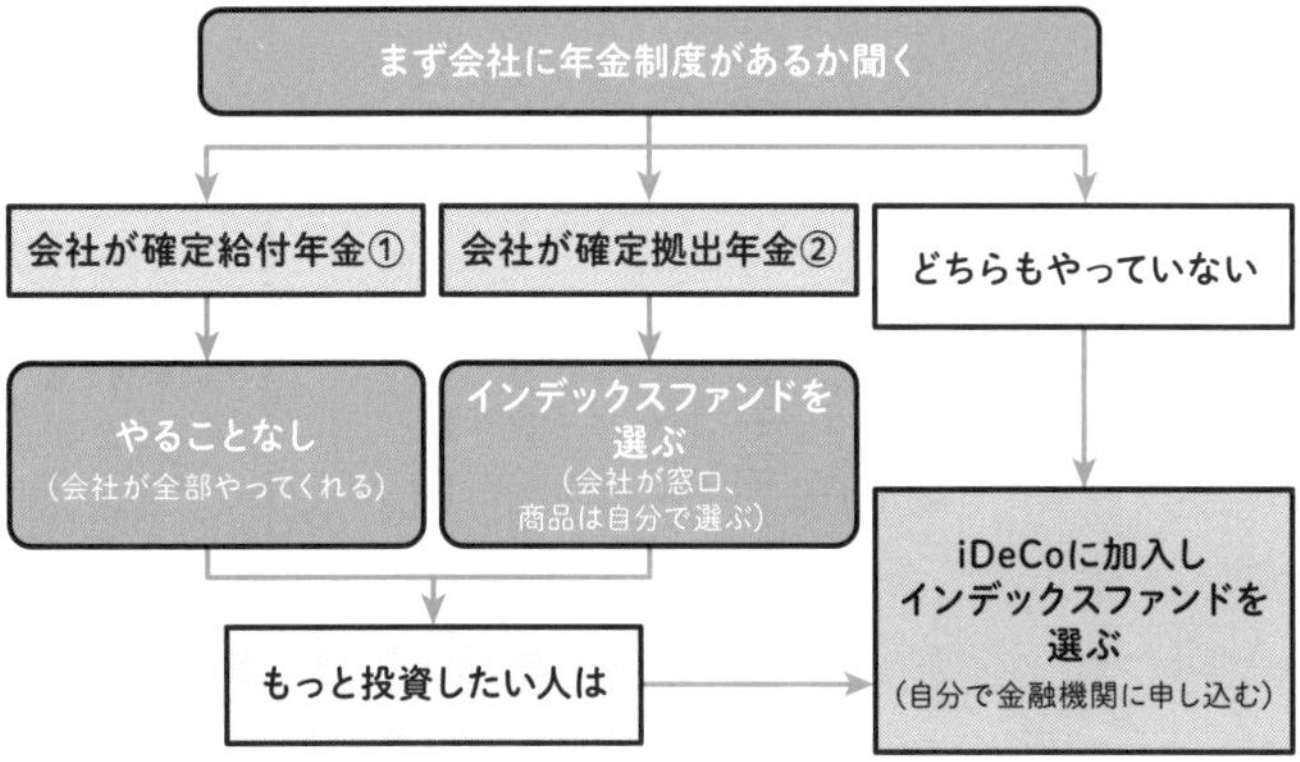

まとめ　確定拠出年金とは

- 年金制度は3階建て。1階は全員が払う国民年金、2階は会社員が払う厚生年金。どちらも国に納めて、国が運用する。
- 確定拠出年金はiDeCoも企業型もNISAとは別の税金の優遇がある制度
- 民間企業がやっている年金保険には入る必要がない
- 確定拠出年金では、自分がどのような運用をするか選ばなければならない（インデックスファンドを選べばいい）

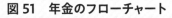

iDeCoを使えば給料から引かれる税金が戻ってくる！

僕の会社は企業型確定拠出年金を導入していませんでした。なので、自分でiDeCo（個人型確定拠出年金）に申し込む必要があります。

じゃあ、ここからはiDeCoのメリットを説明する。iDeCoは毎月、給料から積み立てた分が所得控除になるから、所得税とか住民税が安くなる（図52）。君のように会社が年金制度を用意してない人なら、給料が600万だとして、iDeCoを上限の毎月2万3000円まで積み立てれば、その分、所得が控除されて（給料のうち税金の対象が減って）、所得税と住民税を合わせて**年間で約5万5千円くらいの節税効果がある**。

※勤務先に企業年金制度がなく、一般的な家族構成の人を想定（上限額の詳細はP248）

※企業型確定拠出年金（企業型DC）に加入すれば、所得税や住民税だけでなく、毎月給料から差し引かれる健康保険料や、厚生年金など社会保険料の額も減ります

え⁉　それって、iDeCoとして毎月2万3000円を給料から天引きにすれば、年間5万円以上も得をするって考えていいんですか。

年収にもよるけど、そう思っていい。

めちゃくちゃおトクじゃないですか。

もし君がフリー、つまり自営業になった場合は、上限額が大きくなって、年間81万6000円分まで掛け金を増やせる。かなり大きな節税効果があるよ。

それ、いいですね！　給与明細見ると、税金がたくさん引かれてるんで、安くなるとうれしいです。

二つ目のメリットはiDeCoの運用で儲かった分の税金は、運用期間中に限ってNISAと同じく非課税（図52）。

儲かった分に税金がかからなくて、さらに、給料から払っている税金も減るって

図 52　iDeCoのメリット

メリット1

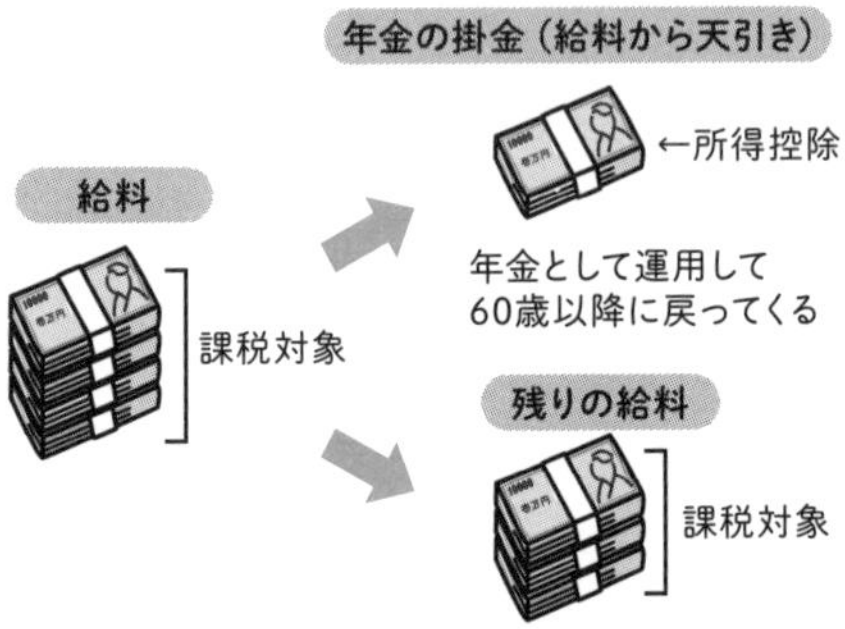

課税対象額が減り、納める所得税や住民税が減る！
（確実にプラスのある節税効果）

メリット2

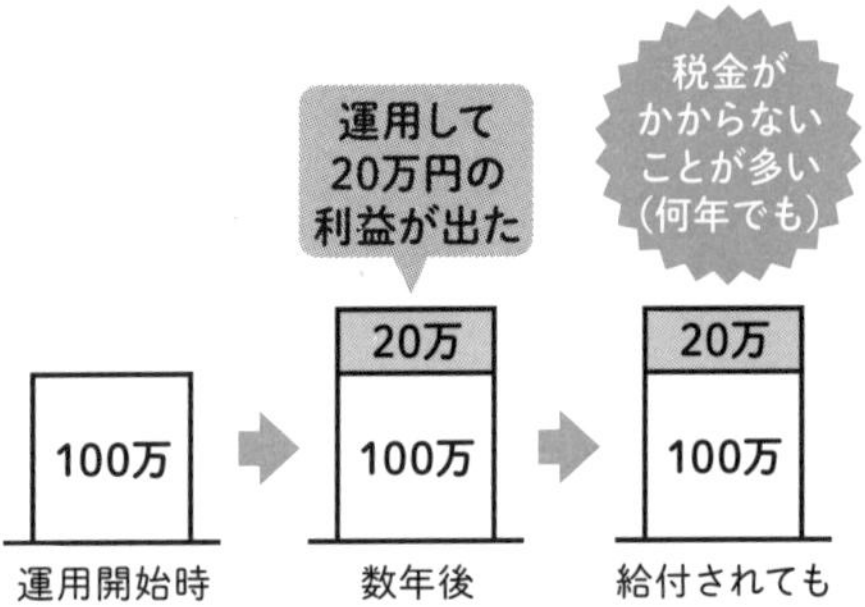

運用で儲かった分は非課税

※idecoの受け取り時の税金は、退職金の額などによって変わりますが、
多くの場合、非課税で受け取る事ができます。

ことですか……。おトクでしかないんですけど、デメリットはないんですか？

注意しなきゃいけないのは、年金制度だから**原則として60歳までおろせない**ってことだね。

あと、60歳を過ぎて受け取るときに税金がかかるけど、優遇措置が受けられるし、そのときはきっと収入も減ってるだろうから、受け取るときの税金はそんなに気にしなくていい。

まあ、とにかく君みたいに老後が心配で運用したいという人は絶対入ったほうがいい制度。これを使わずにお金を運用するのはもったいないよ。

わかりました。やってみます。

まとめ

- 企業型確定拠出年金（企業型DC）やiDeCoに加入すると所得税や住民税が減る。
- NISAと同じく、iDeCoも運用で儲かった分に対して税金がかからない。
- iDeCoのお金は原則として60歳まで受け取れない。（受け取るときに税金がかかるが、優遇制度がある）

iDeCoでも世界中に分散されたインデックスファンドを買えばいい！

iDeCoのことがわかったら、「どこで」「何を」「どのくらい」「いつ」買うか、順に説明していこうか。

お願いします。

まずどこで買えばいいかというと、NISAのときと同じく、SBI証券か楽天証券に口座を作ればいい。

すでに口座を持っている人は作る必要はないんですよね？

いや。**NISA用の口座と別に新しく作らなきゃいけない。**しかもNISAの口座は持つだけではお金がかからないけど、こっちは口座を持つだけで手数料がかかる。

口座を持つと手数料ですか……。

うん。だけど、その手数料がかからないのがSBI証券や楽天証券。他に国に払う分として、初期費用が３０００円、毎月１７０円くらいがかかる。

それを払ってでも入ったほうがいいんですかね……。

入れる人はやったほうがいい。だって、君の場合だったら月2万３０００円を年金に積み立てるだけで、節税で確実に得をするから。**なかなか「確実に儲かります」と言える金融商品はない**からね。

では、何を買えばいいんでしょう。

NISAと一緒で、世界に分散されたインデックスファンドを買えばいい。

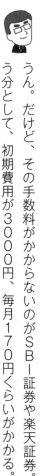

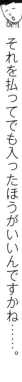

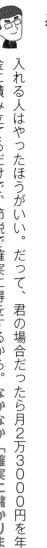

iDeCoのオススメ投資信託

SBI証券のiDeCo

SBI・全世界株式インデックス・ファンド

楽天証券のiDeCo

楽天・全世界株式インデックス・ファンド（楽天・VT）

※iDeCoのメニューには「オルカン」はないので、世界中に分散して投資できるインデックスファンドをピックアップしています。

もし企業型確定拠出年金（企業型DC）に入っている場合は、会社が用意しているメニューの中から、世界全体に分散されていて手数料の安いインデックスファンドを選ぶこと。

インデックスファンドを買えばいいんですね。では、いくら買えばいいんでしょう。

自分の**限度額まで、なるべく利用する**こと。ただ、気をつけなければいけないのは、iDeCo（個人型確定拠出年金）のほうはタイプごとにいくらまで積み立

図 53　iDeCoの上限額

自営業者等	専業主婦等	企業年金等に加入していない方	企業年金等に加入している方など	公務員・私学共済加入者の方
年額 81.6万円（月額6.8万円）※国民年金基金との合算枠	年額 27.6万円（月額2.3万円）	年額 27.6万円（月額2.3万円）	※1 年額 24.0万円（月額2.0万円）または ※2※3 年額 14.4万円（月額1.2万円）	※3 年額 14.4万円（月額1.2万円）

※1　企業型確定拠出年金にのみ加入している方
※2　確定給付年金 などに加入されている方
※3　2024年12月以降に金額が変わる予定です

てできるかが違うこと（図53）。

また、ややこしいですね……。

ややこしいのは会社勤めの人だけで、こちらも企業年金制度が会社にあるかどうかで決まる。

会社員のiDeCoの限度額（月額）

- 勤務先に確定給付年金制度がある　→1.2万円
- 勤務先に企業型確定拠出年金（企業型DC）がある　→2万円
- 勤務先にどちらも導入されていない　→2.3万円

図54　毎月5万円積み立てる人の例

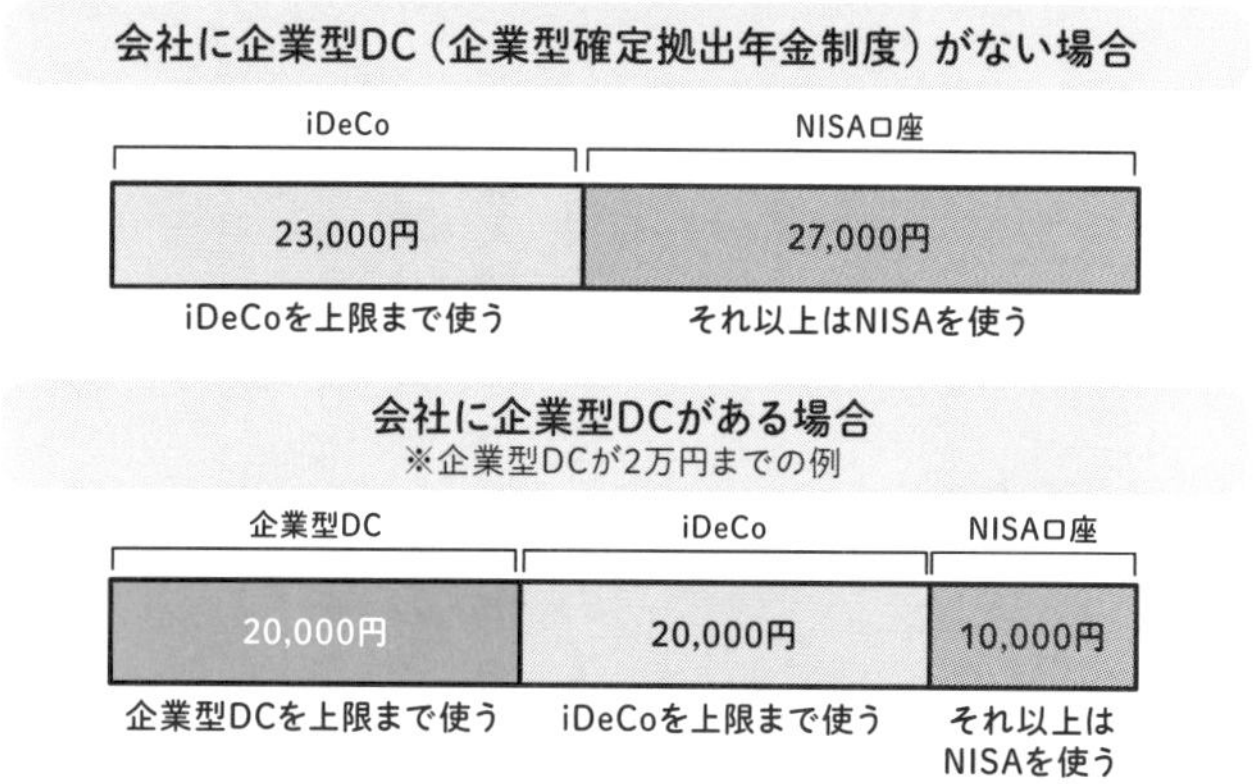

それで、さっき決めた毎月の積み立て額のうち、勤務先に企業型DCが導入されているときは、企業型DCを優先して上限額まで積み立てる。あと、余裕があればiDeCoとして積み立てていくこと。さらに余裕があれば、NISAを使って積み立てていく（図54）。一度設定してしまえば、毎月引き落とされるから、タイミングは気にしなくていいよ。

iDeCoで一括で買うことはできないのでしょうか？

iDeCoは積み立てを前提にしてるから、一括で買うことはできな

い。現時点でお金がたくさんある人（一括で投資する人）は原則として、NISAを使えばいいね。

まとめ

- iDeCoは人によって掛け金の限度額が違う。会社勤めの人は、会社に聞いて自分がどのタイプかチェックする。
- 個人型でも企業型でも世界全体に投資できるインデックスファンド（ない場合は外国株式のインデックスファンド）に投資する。

iDeCoのまとめ

最初にやること

①会社員の人は自分の勤めている会社に企業年金制度（確定給付年金か企業型確定拠出年金（企業DC））をやっているか聞く

②企業年金制度があるが、もっと運用したい人、または会社に年金制度がない人はiDeCoに加入する

どこで申し込む？

SBI証券か、楽天証券にiDeCoの口座をつくって申し込む

（NISAの口座と別に作る必要があります）

いつ買う？

一度申し込んでしまえば、毎月同じ日に自動で引き落とされます

何を買う？

オルカンと似た、低コストで世界全体に分散投資できるインデックスファンドを選ぶ

SBI証券の場合……SBI・全世界株式インデックス・ファンド

楽天証券の場合……楽天・全世界株式インデックス・ファンド（楽天・VT）

※企業型ＤＣをやる場合は、会社が用意してくれたメニューの中から、「全世界株式」「外国株式」と書いてあるインデックスファンドを見つけて、手数料が０・２％程度であれば、それを選ぶ

いくら買う？

４章で決めた額のうち、ｉＤｅＣｏを上限まで使い、残りはＮＩＳＡで買う

ひと月の上限額は

自営業……６・８万円
主婦……２・３万円
公務員……１・２万円
会社員
勤務先が確定給付年金を導入している……１・２万円
勤務先が企業型ＤＣを導入している……２万円
どちらも導入されていない……２・３万円

iDeCoに申し込んでみる

iDeCoを利用する際は、証券会社の口座（NISAの口座）と別で
iDeCoの口座を作る必要があります。

❶ SBI証券のiDeCoのサイト

「お申し込み」をクリック

❷ 資料請求フォーム画面

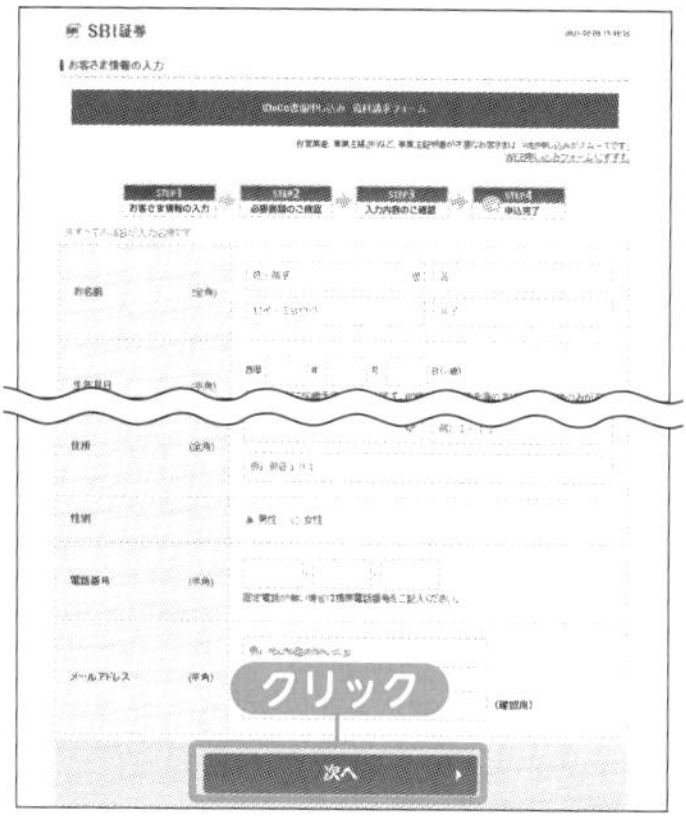

必要情報を入力し、「次へ」をクリック

3 資料が届く

書類を記入する

※掛け金は上限額まで、できるだけ利用する(上限額についてはP248を参照)

※個人の年金番号が必要になる。わからなかったら会社に聞く

※自分の勤務先に書いてもらうところもあるので経理の人などにお願いする

※不明な点があれば、コールセンターに電話して聞く

4 「加入者掛金配分設定届」

商品名	配分割合
⋮	
SBI・全世界株式インデックス・ファンド(愛称：雪だるま (全世界株式))	100%
⋮	

「加入者掛金配分設定届」という用紙には「SBI・全世界株式インデックス・ファンド(愛称：雪だるま(全世界株式))」の配分の欄に100%を記入する

5 IDとパスワードが届いたら、SBI証券のiDeCoのサイトからiDeCo加入者サイトへアクセス

6 iDeCo加入者サイトログイン画面

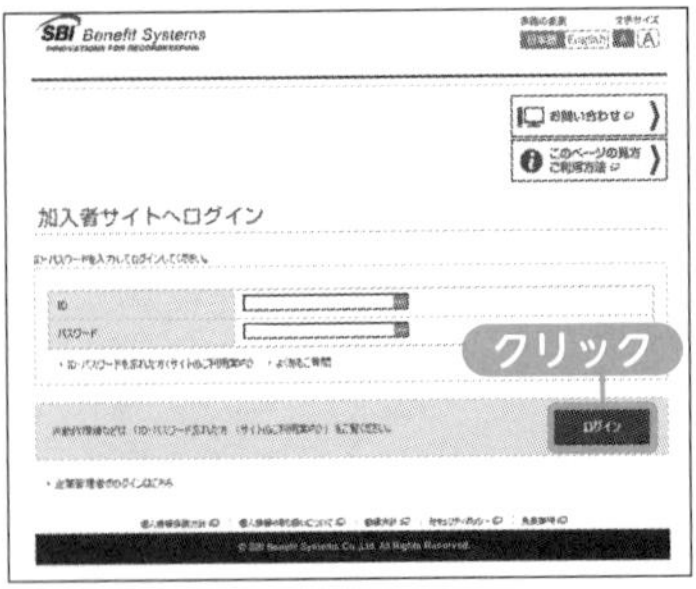

IDとパスワードを入力してログイン

7 iDeCo加入者サイトトップページ

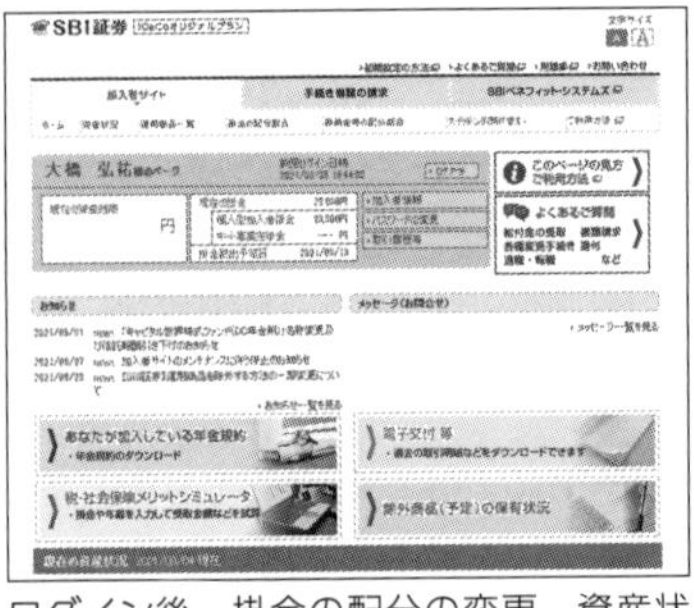

ログイン後、掛金の配分の変更、資産状況の確認などができます

※画面は変更になる可能性があります。

お金を増やす上で一番大切なことは何？

先生、最後になりますが、お金を増やす上で一番大切なことを教えていただけますでしょうか。

「株式を怖がらずに、上手に付き合ってほしい」ということだね。

株と上手に付き合う、ですか？

ピケティって学者が言ってるんだけど、給料の伸びよりも、株や不動産のほうが早く価値が上がるので、労働者と資産家の間で格差が広がっている。これが世界的に問題になっている。

ピケティの主張

資産運用により得られる富は、労働によって得られる富よりも成長が早い。つまり、株式や不動産などを持っている人はより裕福になり、労働でしか富を得られない人は裕福になるのが難しい

お金持ちはますますお金持ちになるってやつですよね。世知辛い世の中です。

だけど、いままで伝えてきた、オルカンなどのインデックスファンドなら、誰でも株式の力を利用することができる。ＮＩＳＡなどの制度が拡充されて、さらに利用しやすくなった。つまり**誰でも資本家になれる環境が揃った**ということ。ぜひ「株はギャンブルだ」とは考えずに、お金の面でも上手にリスクをとることを覚えて、みなに株式の力を利用してほしい。

わかりました。給料は増えないし、苦労する未来かもしれませんが、株の力を使って、なんとかやっていきたいと思います。

そして、もうひとつ大切なことがある。

なんでしょう。

ちゃんと働くってことだね。

えっ、そうなんですか?

何かおかしい?

いや、僕のイメージだと、お金を運用する方って「お金に働かせて、自分は南の島で悠々自適な生活を送る」みたいな考え方を持っているのかと思って……。

自分の人的資本だって立派な投資対象だよ。生涯年収が3億円と予想される健康な若者だったら、人的資本は1億円以上はあるわけ。この資本を大きくするのは安全で効率的な投資。

※人的資本についてはP221を参照

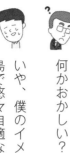

スキルアップとかそういうことですか。

そうだね。さっき話した「ストックオプションをもらう」方法をとらなくても、**自分の能力を高めて、収入を増やすことができたら、その分インデックスファンドを買える額が増えるから、早くお金持ちになれる可能性が上がる。**

それに、これからはどんな大企業に勤めていたって、リストラされるかわからないし、その会社がなくなるかもしれない。だからこそ、どんな状況でも、やっていける能力を身につけることは大切。

将来はどうなるかわかりませんもんね……。

ただ、日本がこの先ものすごく景気が悪くなって、仮に財政破綻して、みんなの貯金が0円になったとするじゃない。そんなときでも、人はお腹が空くからご飯を食べるし、本を読むし、誰かと話したくなる。だから仕事自体がなくなることはないんだよね。経済っていうのはしぶといものなんだよ。だから、働く気力と能力さえあれば、たいていのことはなんとかなっちゃう。そういう意味でも、これからの時代は、**どんな状況になっても働く術を持っていることは最強の保険に**

なる。

働く能力は保険ですか……。

年金が減って老後が心配かもしれないけど、働けばいいし、もちろん老後だから、自分のやりたい仕事をやればいい。だって、今は90歳まで生きるなんて普通でしょう。それなのに60歳で退職してから20年も30年もやりたい仕事もなく生きるのもつまらないじゃない。だから、今のうちにやりがいのある仕事を見つけておくっていうのは、本当に大切な投資。**つまらない人生を送るのは、お金の運用で失敗するよりもダメなこと。**

先生……。

なに？

僕、先生のことを勘違いしていました。ただの怖くて嫌な人かと思ったんですけど、そんなことないんですね。

……。

また、先生のところに遊びに来ていいですか。

う、うん……。

先生！　ありがとうございました！！

まとめ

- いまは誰でも資本家になれる時代。株式の力を上手に利用すること。
- 経済破綻するようなことが起きても仕事がなくなることはないから、働く能力があれば、最強の保険になる。

特別収録！

8年前に始めたド素人は本当にお金を増やせたのか？

――本書は2015年に発売された『難しいことはわかりませんが、お金の増やし方を教えてください！』を、現在の情報にあわせて大幅に加筆、修正したものです。そのため本編は「お金のド素人だった2015年頃の僕（大橋）が、もし2023年に山崎先生を訪れたら」という架空の設定で話を進めました。（ややこしくてすみません……）

では、2015年に山崎先生から聞いた「お金の増やし方」を実践した本当の大橋は、8年以上が経った現在、貯金がどうなったのかお伝えしたいと思います。

大橋くんがはじめて訪ねてきたのって2015年だっけ？

2015年に
投資を始めた
2023年の大橋

そうですね。もう8年以上が経ちました……。

運用はうまくいった？

よく読者の方からも大橋の成績はどうだったのかって聞かれるんですよ。で、実際どうだったかというと、

増えました！

山崎先生のおかげですね。

よかったね。

ただ……、後悔してることもあるんですよ。

どうしたの？

2015年は山崎先生に言われたとおりやったんですよ。当時はNISAは限度額が100万円だったので、NISA口座で外国株のインデックスファンド、普通の口座で日本株のインデックスファンドを100万円ずつ買いました。そのときに買った分は減ることもありましたが、いまは大きく増えたんですよ。

※日本株……TOPIXに連動したインデックスファンドのこと。日本企業に広く分散して投資できる。
※外国株……日本を除く先進国に分散して投資できるインデックスファンド。（リスクをとるお金で、この「日本株」と「外国株」を半々ずつ買うというのが、2015年版のお金の増やし方でした）

じゃあ、よかったじゃない。

ただ、山崎先生に教わった「分割しないで一気に買ったほうがいい」というのが頭にあったのと、当時は「つみたてNISA」も始まってなくて、積み立ての設定をしなかったんですよ。
だから翌年からは、安い時期にNISAの限度額の100万円分をまとめて買おうとしたんですけど、いざ買おうとすると、金額も大きかったので、「いまは高いんじゃないか」とか「こんなに上がってるということは、これから下がるんじゃないか」とか考えて、2016年からは買ったり買わなかったりしたんですよ。

いまが安いか高いかなんて誰にもわからないって言ったよね……。

そうなんですよね……。でも、毎日、株価を見てれば、すごくトクすることは無理でも、普通よりちょっとトクすることぐらいはできるのかもと思って、買うタイミングをはかってしまったんですね……。

それからどうなったの。

とうとう2020年のコロナウイルスのパンデミックで株価がものすごく下がったんです。安くなるタイミングを狙っていたんだから、いま思えば、そこが絶好の買うチャンスでした（図55）。ただ、コロナが拡大していくと、外出禁止になったり、近所の飲食店が閉ったりして、世の中ががらりと変わってしまって、「もう、こんな状況で企業が儲かるわけがない。株はもっと下がるに決まっている」と考えて追加で買えませんでした……。

実際は政府の金融政策で株価は高騰したよね。

図55　世界の株価の推移

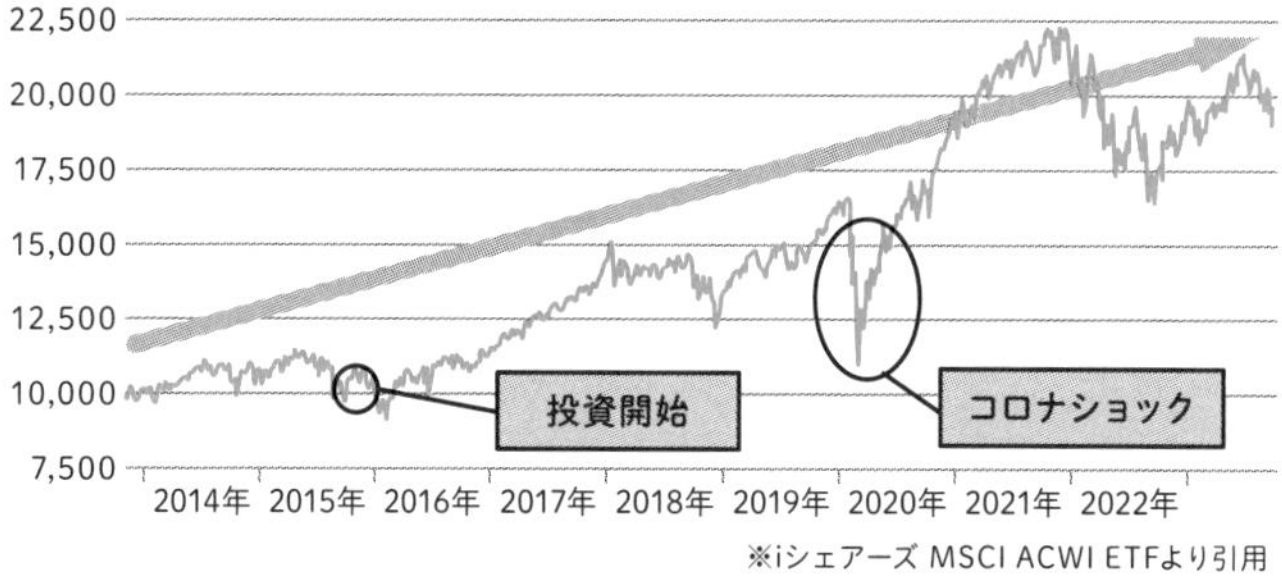

※iシェアーズ MSCI ACWI ETFより引用

**世界の株価は増えたり減ったりしながら
右肩上がりで推移していった**

そうなんです。**安いときに買おうとずっと狙っていたのに、実際に下がったときは怖くて買えなかったん**です……。

その失敗のせいで、いまはお金が増えてうれしいというより、「**なんで俺はあのとき買わなかったんだあああ**」と毎日後悔しています。

iDeCoはやってなかったの？

やりました。iDeCoは申し込めば自動で毎月引き落とされていくので、こちらは追加で買えないということはなく、約8年間、毎月上限の2万3000円まで外国株式のインデックスファンドに積み立て投資し

て、調子よく右肩あがりで増えていってます。

安いタイミングを狙ったＮＩＳＡより、毎月、強制的に引き落とされるｉＤｅＣｏでうまくいったので、「**未来はわからないのだから、買うタイミングをはかってはいけない**」という言葉の意味を身を持って知りました……。

大橋の運用成績

ＮＩＳＡ＋普通口座

- いくら投資したか……約４６７万円（２０１５年から買ったり買わなかったり）
- いくら儲かっているか……約２７２万円

↓

58％アップ

ｉＤｅＣｏ

- いくら投資したか……約２３２万円（２０１５年から現在まで毎月定期的に購入）
- いくら儲かっているか……約１７５万円

↓

75％アップ

合計

約447万円のプラス

もし山崎先生の言う通りにやっていれば

約855万円のプラス……

（内訳）

NISA＋通常口座……680万円＊1

iDeCo……175万円

＊1　2015年10月に日本株、外国株を100万円ずつ購入。翌年以降、年初に毎年50万円ずつ日本株と外国株を購入したという想定（税金や信託報酬などのコストは無視しています）。

※　iDeCoについては、別で所得税や住民税の減税を受けています。

やっぱり君はつくづく投資に向いてないね。

そうみたいです……。だからいまは、毎月、同じ日にオルカンを買うように、証券会社のサイトで設定してあって、いじらないようにしています。
それで、実際に経験してみてわかったのは、お金の運用をはじめると、いろんな情報が目に入ってきてしまうんですよね。「これからは金（ゴールド）があがる」「新興国株がいい」とか、「〇〇投資はインデックスファンドより儲かる」のような情報です。つい、それもやってみようかと心が動きそうになるんです。
そういうときは、「**ぼくは人類史上、最高のダメ投資家だ。絶対にまともな投資はできない。全て山崎さんの言われた通りやって平均点をとろう」と自分に言い聞かせて、そういった情報は全て無視して、株価は一切気にせず積み立てています。**

……。まあ、将来はどうなるのかわからないのだから、現時点の判断として経済合理的に正しいのは、投資できるお金は一気に投資してしまうことなんだけど、分割して買うのは、気休めなのだと思うといいね。

ちなみに、当時、山崎さんのオススメは「日本株」と「外国株」のインデックスファンドを半分ずつで持つというやり方でしたが、いまは世界株のインデックス

ファンド1本でいいってことなんですね。理由を教えてもらっていいでしょうか。

2015年版の「お金の増やし方」との違い

2015年版 リスク運用資産で「日本株」と「外国株」のインデックスファンドを半々づつ持つ

改訂版 リスクをとって運用するお金は全て「世界株」のインデックスファンドにする

S&P500のところでも説明したけど、世界の株価は連動性が高まっていて、国内と海外を分ける必要がなくなってきた。シンプルでわかりやすいことに重きを置くなら世界株のインデックスファンド1本でいいと判断した。
ただ、「日本株」と「外国株」のインデックスファンドをすでに持っている人は、わざわざ売って世界株にする必要はない。それはそのまま持っておいて、これから投資していく分については、本書でオススメした世界全体に投資できるオルカンを買っていけばいいね。

わかりました。いままで買ったやつは売らずにそのままにしておきます。

「何を買うか」以外は基本的に同じで、ネット証券に口座をつくり、ＮＩＳＡやｉＤｅＣｏというおトクな制度使う。それでお金を増やして、人生を思いっきり楽しんでほしい。

改訂版あとがき

本書の前身「難しいことはわかりませんが、お金の増やし方を教えてください！」の出版から8年が経過しました。

この間、三つのものが「成長」したことが、改訂版を出す理由になりました。

まず、お金を増やす上での制度の条件が、文字通り大きく成長しました。前著の出版は2015年ですが、2018年にはつみたてNISAができ、2024年からは複数あったNISA制度を統合する新NISAが大きく拡充されて再スタートすることになりました。この新NISAは、投資できる枠が一人当たり1800万円もあって、大きな利用価値があります。正しい使い方を知らずにいるのはもったいないことです。

加えて、投資商品の世界も成長しました。全世界の株式に投資できる商品が利用しやすくなりその運用手数料が大いに下がりました。今や本書がお勧めする運用商品において、100万円を運用するコストは、年間600円を下回ります。こうした「知っている投資家」にとってはメリットの大きな商品が登場して、確実に利用が広がっているのです。読者がこれを知らずに、この何十倍もの手数料を払うのは、何ともバカバカしいことです。

そして、何よりも大きく成長したのが、共著者の大橋弘祐さんです。前著のあとがきで「金融マンから見て騙しやすいタイプの一パターンにピッタリ当てはまります」とまで書いた、金融に無知な自信のなさそうな青年は、今や投資に詳しい作家兼編集者になりました。『漫画　バビロン大富豪の教え』などのベストセラーを生んでいるヒットメーカーです。

「お金を増やしたい」読者にとって、これだけ条件が好転したのですから、改訂版を出さない訳にはいきません。先生役の私（山崎）も、大いにやる気になりました。

ただし、改訂版の本書では、投資に詳しい二人が語り合うのではなくて、「ド素人のオオハシ君」が、「クセの強いヤマザキ先生」に、一からお金の増やし方を聞く設定を踏襲しました。その方が、読者に分かりやすいからです。前著はこの分かりやすさのおかげで、多くの読者を得ました。

また、二人とも現実には8年分歳を取っているはずなのですが、コラム以外では、前著と同じ年齢設定で話を進めています。オオハシ君のSBI証券好きもそのままです。私は楽天証券に勤めていたので相変わらず困っています（やれやれ）。前著の読者は、二人の変わり具合と、変わらなさ具合の混合を、密かに楽しむことができると思います。

前著同様、オオハシ君は自信がなさそうだし、ヤマザキ先生は物言いが少々乱暴です。これらはあくまでも作られたキャラクターですが、お互いの性格の根底にある素質につながっているようです。著者たちは、この本を作りながら、この設定を大いに楽しみました。読者もこのコンビを楽しんでくれるにちがいないと期待しています。

さて、三つの「成長」があった、と申しましたが、私も負けてはいられません。肝心のお金の増やし方は、前著よりもシンプルになるのと共にパワーアップしています。

ただし、前著の方法が古くなって、使えなくなった訳ではありません。幸い、これまで読者のお金を増やす上で役に立ってきたはずですし、現在も十分通用します。変化は、新しい方法の方がシンプルだし、新しい制度や商品を利用するともっと有利にお金を増やすことができるはずだ、ということだけです。基本になる考え方は変わらないので、安心してください。本書の方法も10年後に問題なく使えるはずです。

説明の仕方もより分かりやすくなったと思います。また、若者のための「大金持ちになる方法」など、前著では伝えられなかった内容も盛り込むことができました。

大橋さんも同じ気持ちだと思いますが、大変満足のいく本ができ上がりました。

著者二人の願いは、読者が、お金の増やし方で、損な選択をして悔しい思いをしたり、不安になったりせずに、自信を持って自分のお金を扱い、「お金の心配のない、充実した人生」を送る手伝いをすることにあります。

本書一冊を読んでいただけたら、必要十分なお金の増やし方の知識は、一生分すっかり身についているはずです。

最後に一つ提案があります。本を読むだけで、行動が変わらなければ意味がありません。読者ご自身が、お金について、小さなことでいいので、何か一つやってみてください。NISAの口座を作るのでも、生命保険を解約するのでも、オルカンを少額だけ買ってみるのでもいいでしょう。お金の問題は専門家に聞かないとまずいことが起こるように考えがちです。そして、金融マンはそのような雰囲気を醸し出そうとします。しかし、むしろ彼らに相談する方がまずいのは、本書の本文にあるとおりです。自分のお金のことは、自分で決めてもいいのです。大丈夫です！　小さな行動で、自信を付けてください。

読者の人生のお役に立てたら、これ以上に嬉しいことはありません。

2023年10月吉日
山崎元

最後にやることをまとめてみました

1

SBI証券か楽天証券で**NISAに対応した口座を開く**（P54）

2

SBI証券か楽天証券で**iDeCoの口座を開く**（P253）

3

毎月の給料から、**貯蓄する額を決める**（P201）

例　給料が25万円の人

- 生活費　20万円
- 貯蓄額　5万円

4

「**Aリスクをとって増やすお金**」と「B

安全に持っておきたいお金」に分ける（P185）

例　毎月の貯蓄額が5万円の人

- リスクをとって増やすお金　3万円
- 安全に持っておきたいお金　2万円

5

「Aリスクをとって増やすお金」のお金を「**iDeCo**」**で投資をするお金と、**「**NISA**」**で投資するお金に分ける**（P249）

例　リスクをとって増やすお金が3万円で、iDeCoの上限額が2万3000円の人

5

・ｉＤｅＣｏ　２万３０００円
・ＮＩＳＡ　７０００円
※ｉＤｅＣｏで上限額まで投資して、残りのお金をＮＩＳＡで投資する

6

ＮＩＳＡの口座で**オルカンを買う**（Ｐ２０５）

7

ｉＤｅＣｏの口座で**オルカンに近い商品を買う**（Ｐ２５３）

8

「Ｂ安全に持っておきたいお金」で「**個人向け国債　10年変動型**」**を買う**（Ｐ56）

9

ひたすら**ほったらかして**おく

10

まじめに働いて**人生を楽しむ**！

ポイント

- ＦＸも個別株も買わない。外貨預金もやらない。手数料の安いインデックスファンドだけに投資する
- 保険には入らず、入ったと思って運用にまわす
- ＮＩＳＡもｉＤｅＣｏも制度に変更がないか今後チェックする

・本書の掲載された情報は2023年10月時点の情報であり、今後変更される可能性がありますのでご留意ください。
・本書の情報については細心の注意を払っておりますが、正確性および完全性等について一切保証するものではありません。個別商品の詳細情報については、銀行や証券会社などに直接お問い合わせください。
・本書の情報はあくまでも情報提供を目的としたものであり、特定の商品についての投資の勧誘や売買の推奨を目的としたものではありません。
・情報の利用によって何らかの損害を被ったとしても、出版社および著者は責任を負いかねますので、投資にあたっての最終判断はご自身でお願いいたします。

著者紹介

山崎元（やまざき はじめ）

経済評論家。専門は資産運用。1958年、北海道生まれ。東京大学経済学部卒業、三菱商事に入社。野村投信、住友信託、メリルリンチ証券など12回の転職を経て2023年3月まで楽天証券経済研究所客員研究員。記事執筆、テレビ出演多数。著書に『マンガでわかるシンプルで正しいお金の増やし方』（講談社）『山崎元のほったらかし投資 資産運用の大正解』（宝島社）など多数。

大橋弘祐（おおはし こうすけ）

作家・編集者。立教大学理学部卒業後、大手通信会社の広報、マーケティング職を経て現職に転身。初小説『サバイバル・ウェディング』が日本テレビで連続ドラマ化。『難しいことはわかりませんが、お金の増やし方を教えてください！』『漫画 バビロン大富豪の教え』（いずれも文響社）など、ヒット作を多数手掛ける。

超改訂版
難しいことはわかりませんが、
お金の増やし方を教えてください!

2023年12月12日　第1刷発行
2024年 2 月28日　第4刷発行

著者　山崎元　大橋弘祐
装丁　藤塚尚子
本文デザイン・DTP　次葉
イラスト　ひえじまゆりこ　かもゆうこ
編集　大橋弘祐　林田玲奈
発行者　山本周嗣
発行所　株式会社文響社
〒105-0001
東京都港区虎ノ門2-2-5 共同通信会館9F
ホームページ　https://bunkyosha.com
お問い合わせ　info@bunkyosha.com
印刷・製本　中央精版印刷株式会社

写真提供　123RF

ISBNコード:978-4-86651-670-7　Printed in Japan
この本に関するご意見・ご感想をお寄せいただく場合は、郵送またはメール(info@bunkyosha.com)にてお送りください。